rororo

ro
ro
ro

EMER O'SULLIVAN
DIETMAR RÖSLER

Switch – wer ist hier wer?

Eine deutsch-englische Geschichte

Rowohlt Taschenbuch Verlag

Originalausgabe

Veröffentlicht im Rowohlt Taschenbuch Verlag,
Reinbek bei Hamburg, September 2008

Umschlaggestaltung any.way,
Barbara Hanke/Cordula Schmidt
(Coverillustration: Heribert Schulmeyer)
Satz Stempel Garamond PostScript, InDesign,
bei Pinkuin Satz und Datentechnik, Berlin
Druck und Bindung CPI – Clausen & Bosse, Leck
Printed in Germany
ISBN 978 3 499 21468 4

1

Wir finden, wir sollten die Geschichte einfach aufschreiben. Gerade weil sie so unglaublich ist. Und dass wir sie in zwei Sprachen schreiben sollten.

Because the two of us spoke English all the time. Well, most of the time.

Und wir haben ja auch die ganze Zeit deutsch gesprochen. Zumindest am Anfang, als alles noch normal lief. Wir deutsch, ihr englisch, und wir haben uns gegenseitig ganz gut verstanden. Danach wurde es natürlich komplizierter, als Corinna und Patricia …

Stop, that's part of the story. We should start at the beginning.

Und wo ist der Anfang? Als uns der Blitz getroffen hat?

No, that's too dramatic. A bit earlier. When one of us was very excited and the others were bored stiff. At the German football match.

5. März, 14.55 Uhr, Algarve-Stadion, Faro, Portugal

«Jaaaaa!» Corinna sprang auf und riss die Arme hoch. Aber der Ball knallte nur an die Latte. «Mist!» Sie ließ sich wieder in den Sitz fallen. Noch fünf Minuten, und die Däninnen führten immer noch 1:0.

Five long minutes more, then it would finally be over. Patricia was bored to tears. At least Corinna seemed to be enjoying herself, shouting and screaming support. Her long red hair flew around her head when she jumped in the air. Patricia smiled to herself. During the week in the Algarve her German friend Corinna had been pretty quiet. She was obviously transformed once she saw a football. Patricia looked around. The sun was shining down on the huge, spectacular stadium, but there were almost no spectators. The four of them and maybe another hundred people, mostly flag-waving Germans, watching the German women's football team play Denmark. She would much rather be on the beach, or swimming in the Atlantic. What a waste of good holiday time. Even her brother seemed bored. And normally Michael's idea of happiness was being anywhere near a football pitch.

Corinnas Bruder David nahm sein Handy und schoss ein Foto von der Haupttribüne gegenüber. Kein einziger Zuschauer saß da.

«Not a huge crowd, is it», Michael said to him. «And the match isn't very exciting.»

«Ja, aber auch Weltmeister dürfen mal wie Waldmeister spielen», verteidigte David die deutschen Frauen.

Arme Patricia, dachte er im Stillen, da interessiert sie sich nicht für Fußball, kommt trotzdem mit und dann so ein Gurkenspiel. War toll von ihr mitzukommen. War überhaupt toll von Michael und Patricia und ihrer Mutter, dass sie Corinna und ihn für die Woche mit in den Urlaub nach Portugal genommen hatten. Erst wollten er und Corinna gar nicht, aber nachdem ihr Vater zum tausendsten Mal gesagt hatte, das sei besser so, da hätten er und ihre Mutter in Frankfurt mehr Ruhe, bevor das neue Baby auf die Welt kam, hatten sie eingewilligt.

Five minutes later the referee blew the final whistle. Ten minutes after that Mrs Shaw's car stopped in front of the stadium. Her son and daughter and their German friends got in.

«Was it good?», she asked. Patricia yawned demonstratively.

Corinna hielt ihr den Mund zu und lachte. «Die Deutschen haben nicht gut gespielt», gab sie zu, «aber das ist ja auch erst das erste Spiel des Turniers.»

«The first match of the tournament, I understood that», Mrs Shaw replied, «but what does ‹ja auch erst› mean? I didn't learn that in my German class.»

Corinna und David sahen sich hilflos an. *Yes, too, first*? Wohl kaum.

«Ist ja irre», wechselte David das Thema, weil sie gerade die Auffahrt der Autobahn erreicht hatten, «hier gibt's überhaupt keinen Stau. In Frankfurt hätten wir nach einem Länderspiel wer weiß wie lange gebraucht, um überhaupt losfahren zu können.»

«Where do you lot want to go now?», Mrs Shaw asked.

«To the beach», they all said at once. She accelerated.

«Speed limit, Mum! It's max. 120», Patricia groaned looking at the speedometer.

«Wenn ihr uns in Frankfurt besucht, kannst du auf der Autobahn so schnell fahren, wie du willst», tröstete

David, als ihre Mutter die Geschwindigkeit zurücknahm.

«Sorry, I'm back to work in my thoughts already», she apologized, «I got a call from Dublin while you were at the match. The next big job starts the minute I get back and not in April as originally planned.» Patricia sighed.

«So it's pizza and burger week again.» Michael sounded like an ad on television.

«Over my dead body!» His mother turned around to give him a warning look.

«For God's sake, Mum! Keep your eyes on the road», Patricia exclaimed as the car followed Mrs Shaw and swerved to the right.

Am Strand legte sich Corinna sofort in die Sonne, während die anderen vier sich ins Wasser stürzten. Anscheinend hatte der Sturm über Nordeuropa Ausläufer bis nach Portugal gebracht, die Wellen waren wilder als gestern. Corinna dachte an ihre Mutter. Hoffentlich ging es ihr gut, so kurz vor der Geburt ihres neuen Geschwisterchens. Sie sah den vier nach: Mrs Shaw und Patricia waren weit hinausgeschwommen, so weit, dass man die beiden Lockenköpfe nicht mehr auseinanderhalten konnte. ‹Otters› nannte Michael sie, womit er nicht nur den Namen ihres Schwimmvereins meinte. Die beiden schwammen wirklich, als seien sie im Wasser zu Hause. David und Michael standen näher am Strand und ließen sich mit sichtlichem Vergnügen rückwärts in die großen Wellen fallen.

5. März, 18.30 Uhr, Strand, Algarve, Portugal

That evening they went to one of those small restaurants directly on the beach which did fresh, bar-b-qued fish and salad and where you could watch the sun go down.

Patricia ate the salad only, because she was strictly vegetarian.

‹Aber Otter essen doch Fisch›, hatte David sie an einem der ersten Tage aufzuziehen versucht, aber ihr Blick sagte ihm schnell, dass das Thema wohl für Scherze ungeeignet war. Abgesehen davon konnte man mit Patricia über alles lachen. Und David hatte sogar die meisten ihrer frechen Sprüche auf Englisch verstanden. «Was war das vorhin mit ‹pizza and burger week›?», fragte er sie jetzt, «Spinatpizza und veggie burgers für dich und Salamipizza und cheeseburgers satt für Michael?»

«Exactly», she replied, «when Mum is on one of her big jobs she's usually away from the house from morning till midnight for about a week at a time.»

«Und ihr?»

«We're independent. Empty the freezer, go to a friend's mum if we want to be spoiled with a bit of attention and nice cakes and …»

«It's not that bad, is it?», her mother interrupted.

«No, Mum, it's not bad at all», Michael intervened, «and it's a small price to pay for having a Supermum.»

«Cheeky monkey!» Mrs Shaw hit him playfully on the ear.

Eine ganze Woche zu Hause allein gelassen werden – wie fände ich das wohl?, fragte sich Corinna. Das wäre gar nicht möglich, denn mit dem neuen Baby würde ihre Mutter eine Weile wieder ganz zu Hause sein. Ihre Eltern machten sich eher zu viele Sorgen um David und sie. Dabei waren sie doch schon lange keine Kleinkinder mehr. Corinna war immer noch erstaunt, dass die Eltern ihnen erlaubt hatten, eine Woche allein mit den Shaws in Portugal zu verbringen, damit sie sich ‹ungestört› auf die Geburt vorbereiten könnten. Sie hatten sie ja fast schon dazu überredet. «Bist du wirklich manchmal eine ganze Woche weg?», fragte sie Patricias und Michaels Mutter.

«No, I'm home at night and sometimes I even manage to go shopping late to fill up the fridge and freezer. But Patricia is right, they don't see much of me when a job is in its hottest phase. I just don't have much time for them then. But I try to make it up at other times, like taking them to sunny Portugal for a week, isn't that right, kids?» She asked for the bill.

David erinnerte sich, wie sein Vater vor über einem Jahr aus Dublin zurückgekommen war und von einer Pauleen Shaw geschwärmt hatte, von ihrem Organisationstalent und Geschäftssinn. Er war ihnen richtig auf den Wecker gegangen mit seiner Schwärmerei. Bloß, weil die Frau dafür gesorgt hatte, dass die neue irische Niederlassung in kürzester Zeit bezugsfertig war. Als die Filiale dann im Sommer feierlich eröffnet wurde, waren alle Baumeisters nach Dublin geflogen und hatten eine tolle Woche dort verbracht. Dabei hatten er und

Corinna dann nicht nur die Super-Geschäftsfrau kennengelernt, sondern auch deren Tochter und Sohn, die im gleichen Alter waren wie sie. Und schnell waren die beiden Familien befreundet.

«Come on, folks», unterbrach Mrs Shaw seinen Gedankengang, «time to go back to the hotel to pack. We have an early start tomorrow.»

2

6. März, 8 Uhr, Faro Airport, Portugal

Die Anzeigetafel war voller Verspätungsmeldungen: Frankfurt drei Stunden, Dublin zwei Stunden.

Mrs Shaw said to David: «The bad weather is playing havoc with your father's clever plan.»

«Spielt was?», fragte David nach.

«Havoc», Mrs Shaw repeated, «you know ...», she thought a moment.

«Chaos», Patricia helped her. «Mayhem», Michael added. «Fiasco», their mother joined in, and the three of them laughed.

«Da kannst du *havoc* sehen», sagte Corinna und deutete auf ein Fernsehgerät im Wartebereich, auf dem gerade der Wetterbericht lief, «schaut euch mal diese Wetterkarte an!»

«Yuck, look at the rain over Dublin», Patricia moaned.

Ireland was covered in dark grey clouds and the symbol for rain.

David schüttelte den Kopf. «Deutschland sieht auch nicht viel besser aus.» Sogar Blitzsymbole waren auf der Karte in der Mitte Europas eingezeichnet. «Da werden wir ganz schön durchgeschüttelt!» Er wandte sich wieder Pauleen Shaw zu. «Was war der schlaue Plan meines Vaters?»

«He organized the flights. And he made sure that your plane would leave one hour before ours. So that I could make sure that you would be in the right one. Although the airlines look after unaccompanied minors like you anyway. But what's that nice German phrase? ‹Doppeltymoppelty›?»

«Doppelt gemoppelt», grinste Corinna. ‹Doppelt gemoppelt hält besser›, ja das klang ganz nach ihrem Vater.

David erinnerte sich, dass sein Vater mehrfach mit Mrs Shaw telefoniert hatte, bis sie die richtigen Flugpaare gefunden hatten.

«But it's great the way your father looks after you, doppeltymoppelty or not», she said.

Die ganze Woche hatte David schon überlegt, ob er sich trauen sollte, nach einem Mr Shaw zu fragen. Als sie in den Sommerferien zur Einweihung der neuen Firma in Irland waren, gab es keinen Herrn Shaw, und ein anderer Vater wurde auch nie erwähnt. Und auch in dieser Woche spielte er keine Rolle. Sollte er einfach mal fragen? Aber wenn die drei freiwillig nicht darüber reden wollten ...

«A very severe storm», hörten sie einen der Wartenden sagen, «parts of England are flooded.»

«Ich schick mal lieber eine SMS an meinen Vater», sagte Corinna, «sonst muss der in Frankfurt zu lange auf uns warten.»

6th March, 2 p.m., Dublin
6. März, 15 Uhr, Frankfurt

The touchdown in Dublin airport was shaky but not too nasty. «Slow down, Mum», Patricia complained when her mother marched quickly towards the long-term car park, «remember, today is still the last day of our holidays, and not the first day of work.»

Die Landung in Frankfurt hatte sie zwar kräftig durchgeschüttelt, aber alles ging gut. Herr Baumeister nahm seine beiden Kinder in Empfang und umarmte sie. «Wie geht's Mama?», fragte Corinna sofort.

«Noch nichts Neues», antwortete ihr Vater, «sie ist zu Hause und freut sich schon riesig auf euch. Aber heute Abend werden wir sie wohl vorsichtshalber ins Krankenhaus bringen. Es kann bald losgehen.» Er schob den Gepäckwagen zum Aufzug des Parkhauses. «Keine Angst», sagte er, als er das besorgte Gesicht von Corinna sah, «es läuft bisher alles nach Plan. Das ist reine Routine», beruhigte er sich und seine Kinder.

On the way home they stopped at their large local supermarket. Mrs Shaw chased through the aisles at high speed, filling the two trolleys pushed by Michael and Patricia. «I saw that», she said, and put some of the packets of beefburgers that Michael had put into the trolley back into the freezer.

«It won't help», her son protested, «I'll buy them with my own money next week.»

«Don't you dare, Michael Molloy!», she waved a head of lettuce at him threateningly, «or you won't get any pocket money next week», she half laughed, «and then you'll be on fruit and vegetables only, if Patricia will let you have any of hers.»

«I can see the headlines already», he replied, «SON OF HIGH-POWERED BUSINESS WOMAN SAVED FROM STARVATION BY THE IRISH SOCIETY FOR THE PROTECTION OF CRUELTY TO CHILDREN.»

Auf der Fahrt nach Hause leisteten die Scheibenwischer Höchstarbeit. David und Corinna erzählten von ihrer Woche in der Sonne und schüttelten sich beim Blick auf das Frankfurter Unwetter.

«Mist», unterbrach sie Herr Baumeister, «ich habe vergessen, dass die Eintracht ein Heimspiel hat, ich hätte über die Autobahn fahren sollen, nicht über die Innenstadt. Jetzt werden wir gleich im Stau stecken.» Während David seinem Vater erzählte, dass sie nach dem Länderspiel im Algarve-Stadion problemlos sofort auf

die Autobahn gekommen waren, schickte Corinna eine SMS an Patricia und Michael:

Gut gelandet.
Sauwetter.
Stau.
Und ihr?

Patricia grinned when she read the text message from Corinna. They were in a *Stau*, too. They had raced through the supermarket, filled up the two trolleys in top speed but then they hit a long queue at the checkout. «Very bad service», her mother complained loudly, «why don't they open another checkout?» Patricia sighed. It was going to be one of those weeks again. She texted back:

Touch down o.k.
Pissing rain, heavy winds.
Mum even stormier ☺.
Stau in supermarket!!!
Chat later?

Als Patricias SMS ankam, waren die Baumeisters komplett zum Stehen gekommen. Jetzt zuckten auch noch Blitze über den Himmel, die Donnerschläge folgten in kurzen Abständen. Corinna schrieb zurück, dass sie sich von zu Hause melden würde und erzählte ihrem Vater, dass Mrs Shaw voll unter Dampf stehe, weil der nächste große Job anstünde. «Ja, die Pauleen, immer unter Dampf. Aber die leistet wirklich unglaubliche Arbeit. Hab ich euch schon erzählt, wie sie letztes Jahr für uns ...?»

«Hast du», unterbrachen ihn Corinna und David wie aus einem Mund. «Sogar mehrfach», konnte Corinna es sich nicht verkneifen. Bevor Erwin Baumeister antworten konnte, fragte David: «Was ist eigentlich mit Mr Shaw? Wo ist denn der Vater von Patricia und Michael?»

«Hm», meinte sein Vater, «*difficult topic*, würde Pauleen sagen, da redet sie nicht gern drüber. Jedenfalls nicht mit mir. Aber es gibt wohl keinen Mr Shaw, sondern nur noch einen abwesenden Vater von Patricia und Michael.»

It took ages till they finally got to the front of the supermarket queue. At home they filled the two freezers – one in the kitchen and one in the garage. Their mother paused for a moment and said: «Do the two of you mind if I go to my office now, I really have to get an awful lot done.»

«No problem, Mum», Michael replied, «we'll just sort out our holiday photos and chat to Frankfurt.»

«Give them my love, will you, especially their mum. It can't be easy having another baby at her age.»

«Her mind really is on her work already», Patricia remarked after their mother left the room, «she didn't even tell us to unpack our suitcases before turning on the computer.»

Corinna und David waren sehr froh, ihre Mutter zu sehen. Sie hätten sie am liebsten kräftig gedrückt, mussten aber vorsichtig sein. Sie sah etwas müde aus, aber glücklich. Da sie sonst schmal gebaut war, wirkte der pralle Bauch riesig. Corinna hatte fast vergessen, wie groß er geworden war. Schon komisch, die Vorstellung, dass ein Kind darin wachsen konnte.

Patricia and Michael left the suitcases where they were. Tomorrow was another day, they would unpack then. First things first, get in touch with Frankfurt. Sooty, their cat, crept into Patricia's room when she turned on the computer to upload the photos. «Sooty, Sooty, where have you been? Come here to me», Patricia patted her lap in invitation for her cat to jump up, but Sooty just stayed in the doorway and miaowed. Patricia went over to her and bent down. «I know, I know», she said, gently scratching between the cat's ears, «you have to ignore me for a while. The usual punishment for leaving you alone while we went off on holidays, isn't that right? Poor deserted pussy.» Sooty purred.

«Hat Papa euch erzählt, dass wir noch eine Kickerin bekommen?», fragte Gesa Baumeister ihre Kinder, «sie kann jedenfalls jetzt schon ganz hervorragend treten.»

«Dann sollten wir sie Birgit nennen», schlug Corinna vor, «nach der größten deutschen Fußballerin. Wenn wir die Fotos hochgeladen haben, zeige ich dir die Bilder von der deutschen Mannschaft in Portugal, und ...»

«Das muss leider warten», unterbrach sie ihr Vater, «wir müssen jetzt so langsam ins Krankenhaus fahren.»

Frau Baumeister tat es leid, dass sie nicht weiter mit ihren Kindern reden und ihnen nichts zu essen machen konnte, aber durch die Verspätung war ihr Zeitplan durcheinandergeraten. Der Kühlschrank und die Tiefkühltruhe seien aber gut gefüllt, versicherte sie den beiden. «Bis bald – ihr kommt mich ja morgen besuchen, oder?»

«Klar», kam die Antwort von beiden wie aus einem Mund. Sobald die Eltern losgefahren waren, gingen sie in Corinnas Zimmer, schalteten den Computer an und wollten gerade die Bilder hochladen, als Dublin sich schon meldete.

6th March, 6 p.m., Dublin
6. März, 19 Uhr, Frankfurt

Corinna und David luden ihre Bilder hoch und antworteten dann. Die vier begrüßten sich über die Kamera, als hätten sie sich seit Wochen nicht gesehen und erzählten von ihren stürmischen Reisen.

After a while they decided to pick the best photo of the holiday. «I know what Corinna is going to vote for», Patricia said with a grin: «That number nine German footballer in the stadium.»

«Und du nimmst wahrscheinlich mein Foto von der leeren Tribüne», konterte David.

«No», Michael intervened, «my sister is going for that blond fellow on the beach, aren't you, sis? Just wait till I tell what's-his-name …» Patricia shoved her brother out of the range of the camera.

«Prinz wäre schon mein Lieblingsfoto», sagte Corinna, «aber ich fand auch das von der alten Frau auf dem Markt in Loulé ganz toll. Die, die nur einen Korb mit Feigen zu verkaufen hatte.»

Sie redeten noch eine Weile hin und her und entschieden sich dann für das Foto, das Mrs Shaw im Strandrestaurant gemacht hatte: alle vier mit großen Tellern vor sich, drei große gebratene Fische und ein ebenso großer Salat.

So langsam bekamen sie Hunger. «Synchronized pizza?», Michael suggested. «Ours is in the freezer, so we wouldn't even have to go out, which is good. There's a wild thunderstorm on here at the moment, with thunder, lightning, rain, the lot.»

«Bei euch auch?», fragte Corinna, die gerade zusammengezuckt war, als ein lauter Donnerschlag auf einen hellen Blitz folgte.

«Pizza ist eine gute Idee», sagte David, «wir haben auch noch welche in der Truhe.» Er grinste seine Schwester an. «Wenn ich dich Angsthäschen bei dem Gewitter allein lassen kann, mache ich sie sogar.»

«Sehr witzig», gab sie zurück, «ab in die Küche mit dir.»

«Boys to the kitchen then», Patricia supported Corinna.

«Of course, madam», Michael laughed, «come on, David, we'll make pizzas and set up the Brotherhood of Surpressed Brothers. We need a German title for that – *die Bruderheit der zerdruckten Bruder*, would that be it?»

«Nice try», antwortete David, «aber deutscher wäre die *Brüderschaft der unterdrückten Brüder*.»

«Sorry, too many Umlauts for me, I'll stick with the English title», said David on his way out to the kitchen.

Als die Jungen weg waren, schüttelte Corinna den Kopf: «Was für Helden, bloß, weil sie die Verpackung aufreißen und zwei Pizzas in den Backofen legen müssen.»

«The poor boys, but they have to read the instructions as well and find out which temperature to set the oven at. What a challenge for them!»

«Ja, und sie ...», Corinna hörte einen lauten Knall, ihr wurde plötzlich ganz schwarz vor Augen, «Patri...» Sie konnte nicht mehr weitersprechen und glitt zu Boden.

Patricia didn't hear Corinna's reply. As soon as she had finished her sentence everything went completely dark and she fell slowly off her chair onto the ground.

3

6th March, 7 p.m., Dublin

«Ouch», Patricia muttered under her breath. Her ribs hurt and she was lying on the floor. How the hell did she end up

6. März, 20 Uhr, Frankfurt

Corinnas Kopf brummte. Und was machte sie auf dem Fußboden? Wie lange lag sie da schon? Was war passiert? Sie hatten zu viert Bilder ge-

there? And how long had she been lying there? The last thing she remembered was chatting with Corinna when something strange happened. «I hope I haven't cracked a rib, training starts again next week», she thought, rubbing her side.

Something felt different, she couldn't say what. Because of the fall probably. She went to stand up and looked down briefly at her feet.

Looked at her light-blue sneakers. Light-blue sneakers? She had never owned a pair in her life. Above the sneakers, skinny jeans. Skinny jeans??? Who did they belong to? She had grown out of her last pair of drainpipes six months ago and even before that she hadn't worn jeans very often. But these ones obvious-

guckt, erinnerte sie sich, dann waren die Jungen in die Küche gegangen, nur noch sie und Patricia hatten geredet, und dann? Ein Knall? Mit dem Brummkopf würde sie kein Kopfballtraining machen können. Sie drückte mit beiden Händen gegen die Schläfen. Moment, ihre Haare fühlten sich völlig anders an als sonst. Was war passiert? Waren sie durch einen Stromschlag plötzlich lockig geworden? Aua, der arme Kopf. Corinna versuchte sich aufzurichten.

Der Boden unter ihren Knien fühlte sich hart an. Kein Wunder, sie hatte ja nur dünne Leggings an. Leggings? So was würde sie doch nie im Leben tragen! Und erst recht nicht in einer so hellen Farbe. Und darüber ein Rock! Sie und ein Rock – mein Gott, was war denn hier los? Entsetzt musterte sie sich weiter. Bauchfrei – der Bauch war wenigs-

ly fit her well, they were neither too tight nor too loose. Who had changed her clothes while she was unconscious? And where had they got these clothes from? On top of the jeans she was wearing a plain, wide, dark-blue hoodie, like the one Corinna had on today in the airport. She stood up and felt strangely un-Patricia like. But she couldn't quite say why.

She looked in the mirror. There she saw a girl with long straight red hair and a startled look on her face. «Corinna?», said Patricia. Had Corinna been transported to Dublin? «What are you doing here?» But as she asked the question, the lips of the Corinna in the mirror moved, mouthing exactly the same words Patricia was saying.

tens schön braun – und mit enganliegendem, quietschpinkem Top. Und war ihr Busen nicht auch größer? Ein plötzlicher Wachstumsschub? Aber warum hatte jemand sie umgezogen, während sie am Boden lag? Und dann solche Klamotten. Moment, ein quietschpinkes Top – hatte Patricia heute früh nicht so eins an, als sie zum Flughafen gefahren waren? Vielleicht auch nicht, Corinna merkte sich das nicht so genau, sie interessierte sich nicht übermäßig für Mode.

Vorsichtig stand sie auf. Sie wollte in den Spiegel schauen, hatte aber ein wenig Angst davor. Langsam ging sie auf ihn zu. Der Spiegel zeigte ein Mädchen mit blonden Locken, das sie neugierig anstarrte. «Patricia? Was machst du denn hier?» Wieso? Woher ...? Corinna war völlig perplex.

Patricia pulled her hand through the long straight hair on her head while Corinna in the mirror did exactly the same. Patricia stuck out her tongue at the same second Corinna did. Patricia laughed nervously, so did Corinna. What kind of a joke was this? Did Michael and David produce a hologramm instead of baking a pizza? «Or have I become you?», she asked and was asked that very same question back at the very same time. Who was ‹I› and who was ‹you›? What was going on?

Patricia imagined for a moment that it might be fun to meet her friends looking like this, they wouldn't know it was really her, Patricia, and she could ask them all kinds of things about ‹her friend Patricia›. That would be

Sie fragte noch einmal: «Patricia? Was machst du denn hier?», und sah, wie Patricias Lippen genau die gleiche Frage stellten. Hieße das, dass sie plötzlich ... Sei nicht albern, Corinna, dachte sie. Es gibt ganz bestimmt eine einfache Erklärung. Hoffentlich. Sie kniff die Augen zu und machte sie ganz langsam wieder auf. Ihr Gegenüber war immer noch Patricia. Sie sah aus wie Patricia. «Bin ich du geworden?», fragte sie zaghaft und wurde vom Spiegelbild in gleicher Weise gefragt. Wer war ‹ich›, und wer war ‹du›? Was lief hier ab?

Eine schwarze Katze schlich ins Zimmer. «Hallo, Kätzchen, wie heißt du denn?», fragte Corinna. Die Katze lief auf sie zu, blieb aber plötzlich stehen und machte einen großen Buckel. Die Haare stellten sich auf, und sie fauchte Corinna an.

really good! Michael and her mother – whenever she finally got home – would be amazed, too. She didn't know what had happened, but why not have a bit of fun with it for a while. She went to get her phone to call her friend Steff. She should be the first to see the ‹new› Patricia. Then she remembered that Steff was still away. Didn't matter, she could phone her anyway. Where had she left her phone? Hang on, the room was totally different. Football posters everywhere. Where was her stuff? She couldn't see her phone anywhere. She opened the door of her room and didn't recognize her surroundings. Suddenly it wasn't funny anymore. Where the hell was she?

«Komm, Kätzchen, ich tue dir doch nichts», versuchte Corinna sie zu beschwichtigen. Die Katze ließ sich davon nicht beeindrucken und blieb auf Distanz. Vielleicht verstand sie kein Deutsch. Aber wieso hatten sie plötzlich eine Katze? Und wo war ihr Hund Beißer? Der hätte diese Katze doch verjagen müssen oder zumindest gebellt haben. Sie blickte sich um. An der Wand gab es ein Poster von einem Turmspringer, der sich kunstvoll in der Luft drehte, und von verschiedenen Bands, die sie nicht kannte. Und der Computer – das war gar nicht ihr Computer! Sie holte tief Luft. Wo zum Teufel war sie?

When she heard steps and a voice, Patricia held her breath. More unpleasant surprises on the way? To her relief, she knew the person walking towards her. It was David. He grinned at her and said: «Hier kommt dein Pizza-Service, Schwesterchen. Pizza-Salami, für starke Fußballer-Waden.» Patricia's heart dropped. *Oh no, if David is here then I must be in Frankfurt*, she thought, *and he obviously thinks I'm Corinna. And that I eat salami.* She suddenly felt very strange. A large dog followed David into the room. As soon as he saw her, he started to bark like mad.

Genau in diesem Moment hörte Corinna eine bekannte Stimme. Michael kam ins Zimmer. «Wow, that lightening just then was wild. I thought the oven would explode or cut out. But I kept my eye on it, and it was o. k. Here, your favourite – spinach pizza. Hot and ready to be eaten.»

Corinna hielt sich an der Stuhllehne fest. Ihr war schwindlig. Offensichtlich hielt Michael sie für Patricia, Michael war aber in Dublin, sie hatte mit ihren eigenen Augen gesehen, wie er ins Flugzeug gestiegen war. Und vorhin war er noch auf dem Bildschirm. War sie also etwa auch in Dublin?

«Come on, Patricia», Michael said, «it will go cold.»

«Ich bin nicht Patricia», sagte Corinna, so ruhig, wie sie konnte. «Michael, du kennst mich doch – ich bin Corinna.»

Michael laughed. «That's a good one, not know my own sister! But your German is very convincing. A week of Corinna and David's company really improved your pronunciation.»

Sie packte ihn am Arm: «Nein, ehrlich, Michael, ich

bin nicht deine Schwester! Ich bin Corinna Baumeister, mein Bruder heißt David, und ich wohne in Frankfurt. Ich bin heute mit David nach Frankfurt geflogen und du mit Patricia nach Dublin. Und ich habe keine Ahnung, was hier los ist.»

«Yeah, yeah. You girls up to tricks again. Send the boys away to make the pizzas and play games with them when they get back. Now I know why you and Corinna wanted to get rid of us. Well, good try, Patricia, especially with that German pronunciation, but you can't fool me. Come on, I'm starving, the pizzas will go cold.»

«Good dog, there's a good dog», Patricia tried to calm the barking dog down.

«Was ist mit Beißer los?», wollte David wissen, während er das Tablett, auf dem er zwei Pizzas, Besteck und Cola balanciert hatte, auf dem Computertisch absetzte.

«How would I know, I've never seen him before in my life», Patricia answered.

Die Antwort verblüffte David so sehr, dass ihm nicht einmal auffiel, dass seine Schwester sie in der ‹falschen› Sprache gegeben hatte. «Spinnst du? Das ist doch Beißer», erwiderte er.

«Telling me his name doesn't help, I've still never seen him before. Get him to shut up, will you?»

«Corinna! Hör doch auf mit dem Quatsch!»

«I'm not Corinna, I'm Patricia!»

«Ja klar, und ich bin Michael. Hello, Patricia, my dear

sister, how are you today?» David grinste. «Nun komm schon, die Pizzas werden kalt. Hier, Pizza Salami, wie bestellt.»

«Yuck, I don't eat salami, I'm a vegetarian!»

«Pech. Als ich die Bestellung annahm, hast du noch so getan, als ob du meine fleischfressende Schwester Corinna bist. Und komischerweise siehst du jetzt kein bisschen anders aus.» Er schüttelte den Kopf. Mein Gott, da hatten die zwei sich offensichtlich ein richtig schräges Spiel ausgedacht, während ihre Brüder in der Küche schufteten. Aber das mit der Aussprache hatte Corinna in der kurzen Zeit wirklich toll hinbekommen, das musste er zugeben. Sie hörte sich an wie eine echte Irin. Was ging wohl jetzt in Dublin ab? Ob Michael gerade dafür beschimpft wurde, dass er die Salami auf der Pizza vergessen hatte?

Corinna klammerte sich am Stuhl fest. «Es stimmt wirklich, Michael», sagte sie, die Augen voller Tränen, «du musst mir glauben. Irgendwas ist passiert. Wenn du Michael bist, dann bist entweder du in kürzester Zeit nach Frankfurt gebeamt worden oder ich nach Dublin. Ich muss wohl so aussehen wie Patricia, aber ich bin Corinna, bitte glaube mir.» Sie schluchzte.

Michael didn't answer straight away. The girl in front of him looked like Patricia, but she didn't sound like Patricia. And there was no way that someone could speak German like that after only three years German at school and a week with German friends in Portugal. But what had happened? A body switch? That was only something that happened in films, not in the real world.

«Believe me, David, it's really true», Patricia's voice was shaking and there were tears in her eyes, «something strange has happened, I don't know what», she stopped to blow her nose. «If you really are David and not some kind of hologram, then I am actually in Frankfurt and somehow in Corinna's body.» She started to cry. This was a nightmare. Couldn't someone stop it?

David hatte plötzlich ein sehr flaues Gefühl im Magen. Konnte das noch gespielt sein? Und so überzeugend auf Englisch? Hatten die beiden ihre Körper getauscht? Er umarmte seine Schwester. Seine Schwester?

4

Michael still didn't know what to think. That couldn't possibly be Corinna, or could it? Either Patricia deserved an Oscar for fantastic acting, he thought, or something really, really strange had actually happened. He wasn't sure which.

«Have you talked to Corinna, um, *Patricia* yet?», he finally asked.

Corinna schüttelte den Kopf und blickte zum Computer. Der Bildschirm war schwarz.

Michael restarted. «Let's see what the Frankfurt story is», he muttered.

Patricia finally stopped sobbing.

Dass Corinna so gut schauspielern konnte, war David neu. Aber *beamen* konnte man nur auf der Enterprise, und da komplett – Körper und Geist zusammen. Er wusste nicht, was er von der Sache halten sollte. «Hast du schon mit Patricia, äh, *Corinna* geredet?», fragte er schließlich.

Instead of an answer Patricia pointed to the computer. The screen had gone dark.

David fuhr den Computer wieder hoch. «Mal sehen, was Dublin zu sagen hat», murmelte er.

Überraschenderweise ließ sich der Computer ohne Schwierigkeiten hochfahren, und auch die Verbindung mit Dublin war schnell wiederhergestellt. Welche Außerirdische auch immer dieses Chaos angerichtet hatten, zumindest waren sie schonend mit den Geräten umgegangen, dachte David spöttisch, als Michael auch schon auf dem Bildschirm erschien.

«Snap! I was just about to contact you», he said.

«Ach, wirklich? Wird vielleicht deine Pizza auch kalt, weil du eine falsche Schwester hast?»

«Yes, they're very entertaining, aren't they», Michael said, «I didn't know we had such good actresses in our families.»

«It's not funny!» und «Hört auf!», riefen Patricia und Corinna fast gleichzeitig und blickten in die Kameras.

Als Corinna sich selbst in ihrem Zimmer im nun fernen Frankfurt auf dem Bildschirm sah und auch noch hören musste, wie Patricias englische Worte aus ihrem eigenen Mund kamen, während sie selbst in einem fremden Zimmer und in einem fremden Körper in Dublin vor einem Bildschirm sitzen musste, brach sie fast zusammen. «Ich will nach Hause!», schluchzte sie.

When Patricia saw her body crying and speaking German words, tears started rolling down her cheeks again. «This is awful», she said in a very low tone, «this is really awful.»

«What are the girls playing at, David?», Michael wanted to know.

«Keine Ahnung.» David war sehr nachdenklich geworden. «Ich dachte erst, die haben sich eine tolle Szene ausgedacht, um uns auf den Arm zu nehmen. Und filmen das, um es hinterher für ihre Freundinnen ins Netz zu stellen, oder so. Aber jetzt bin ich mir nicht mehr sicher. Bloß, was ist es dann? Körpertausch gibt es doch nur im Film, oder? Aber wenn ich die Augen zumache und nur höre, dann ist es wirklich Patricia, die hier neben mir sitzt.»

«Same here. If I only listen and don't look, then I could swear that it is Corinna here in Dublin. But how can we be sure they aren't playing some kind of trick?»

«What do you mean ‹some kind of trick›!», Patricia shouted at her brother. «Do you still not believe us?

O.k. then, ask the girl in Dublin something that only Corinna can answer.»

«Ja, und Michael fragt dich was, worauf nur Patricia die Antwort weiß», unterstützte sie Corinna, «dann glaubt ihr uns hoffentlich!»

«That's silly», Michael protested, «what will it prove?»

«Fragt uns was», Corinna wollte es jetzt wissen, «los!»

For a moment nobody said anything. Then David spoke. «O.k.», fragte er das Mädchen in Dublin, das wie Patricia aussah, «welchen Namen hast du für unser neues Schwesterchen vorgeschlagen?»

Corinna strahlte. «Birgit.»

«Richtig!», stellte David fest, «und das kann nur Corinna gewusst haben.»

Now it was Michael's turn to question the girl in Corinna's room in Frankfurt. He thought for a while and then asked, with a slight grin on his face: «What's the name of the fellow in your swimming club who you fancy?»

Corinna sah, dass Patricia diese Frage unangenehm war; ihr Gesicht errötete. *So sehe ich also aus, wenn mir etwas peinlich ist*, stellte sie erstaunt fest.

«That's none of your business», Patricia snapped.

«Oh dear», Michael said, «then I can't possibly know that you are Patricia after all. Come on, just answer the question.»

«I'll get you for that when this is all over», Patricia hissed.

«Just the name, please», Michael insisted.

«Martin.»

«Thanks sis. Your reaction proved that you really are Patricia and now I know who you fancy, too. I'll give your love to Martin next time I see him. Or maybe Corinna here can get things moving along between the two of you.»

«Don't you dare!» und «Um Gottes willen!» riefen zwei entsetzte Stimmen gleichzeitig. «This isn't a joke, you know», Patricia added before bursting into tears once again.

Einige Augenblicke war es in beiden Zimmern ganz still, abgesehen von Patricias Schluchzen. Selbst Beißer lag völlig ruhig vor dem Computer. Obwohl er normalerweise schon längst ein bisschen Salami von der Pizza eingefordert hätte. «So, du bist ich, und ich bin du», sagte Corinna schließlich, «und was machen wir jetzt?» Sie fühlte sich völlig ausgelaugt.

«No, I am in your body and you are in my body», Patricia replied, «but I am still myself and you are still yourself.»

«Aber mein Körper ist doch auch ich, und der ist im Moment bei dir und deiner bei mir», widersprach Corinna. «Wie kann ich ich sein, wenn ich plötzlich den Körper von jemand anderem habe?»

«Hang on, stop philosophizing for a moment»,

Michael said, «and let's think something we can do about all this.»

«Patricia kann Corinnas nächste Englischklausur schreiben und Corinna in Patricias Deutschunterricht gehen. Das gibt maximale Punkte», versuchte David die beiden aufzuheitern.

Aber den Mädchen war nicht nach Scherzen zumute. «You don't think we are going to still be like this when school starts next week, do you?», Patricia sounded desperate, «and I have a swimming competition coming up in three weeks that I have to start training for», she paused, «that my body has to start training for», she corrected herself.

«Und was ist mit meinem Fußballtraining?», rief Corinna, «Patricia weiß ja nicht mal, was Abseits ist!»

Beißer stand auf und streckte seinen Kopf in Richtung Lautsprecher und Corinnas Stimme.

«Beißer kriegt irgendwie mit, dass Corinna, hier nicht wirklich Corinna ist», wunderte sich David, «wieso eigentlich? Sie sieht doch aus wie Corinna, und vermutlich riecht sie auch wie Corinna. Wieso hat er gleich so laut gebellt, als ich mit der Pizza reinkam?»

«Und das schwarze Kätzchen wollte auch nicht mit mir schmusen, obwohl ich wie Patricia aussehe», ergänzte Corinna.

«Sooty and your dog probably know more about this kind of thing than we do, maybe they could tell us what to do», said Michael.

«Dann miau mal los und frag sie», warf David ein.

«Maybe this is all a dream one of us is having and when we wake up everything will be back to normal again», Michael suggested optimistically.

«Das wäre die beste Lösung», sagte Corinna, «blöd nur, dass ich mich gerade so echt fühle.»

«Habt ihr heute früh in Portugal irgendwas gegessen, das euch halluzinieren lässt?», wollte David wissen.

«Quatsch!» und «Rubbish!», riefen Patricia und Corinna fast gleichzeitig, und Patricia fuhr fort: «No, the only explanation I can think of – but it's not really an explanation – is that when the lightning struck and we were online, we were somehow switched. But don't ask me how.»

«Aber wenn Leute in Filmen vom Blitz vertauscht werden, dann sind sie immer am gleichen Ort, meistens um Mitternacht in einem finsteren Park, oder so.» Corinna war nicht überzeugt. «Außerdem ist das Kino, und wir sind echt.»

«A high tech switch», Michael sounded thoughtful. «If it really did have something to do with lightning, does it undo itself after a while?»

Auf diese Frage hatte keiner der vier eine Antwort. Sie grübelten, ob es noch andere Erklärungen geben könnte, aber keiner hatte eine vernünftige Idee.

«Noch eine Sache finde ich komisch», überlegte David, «wenn die beiden die Körper getauscht haben, warum hat dann jede ihre Aussprache behalten? Die kommt doch aus dem Mund oder aus dem Hals oder woher auch immer, also aus dem Körper, oder?»

«That's just the sound», Michael answered, «but the language comes from your mind just like your thoughts.»

«Sicher?», fragte David, dem diese Erklärung nicht so richtig einleuchtete, «kann dann Patricia auch Tore schießen, weil die Muskeln im Gehirn koordiniert werden?»

Michael shrugged his shoulders. «We'll see.»

«Who's philosophizing now?» Patricia interrupted the boys discussion and finally asked the question which had been in her mind for a while: «Should I tell Mum what has happened to me or should Corinna tell her?»

«It's probably better if you do it on the phone», her brother said, «but we shouldn't really bother her just now. She has her hands full with that job.»

«Wenn jemand mit den Eltern redet, dann zuerst Michael und ich und dann erst ihr beide, und zwar gleichzeitig per Handy und mit falschem Körper», schlug David vor, «sonst kriegen die gleich einen Schock und verstehen gar nichts. Es wird auch so schwierig genug, sie zu überzeugen. Ihr seht ja, wie Michael und ich reagiert haben.»

«Wir können Mama doch nicht im Krankenhaus mit dieser Geschichte belästigen – jetzt nicht», überlegte Corinna laut. «Sie regt sich dann nur auf, und wer weiß, was das für das Baby bedeutet.»

Patricia agreed. «It's definitely a bad dream», she said and took a deep breath. «With a bit of luck, it might all be over tomorrow. I think we should just try to get some sleep and hope that when we wake up in the morning, everything will be fine again.»

«Ja», nickte Corinna, «und wenn nicht, dann können wir unseren Eltern auch noch morgen früh erzählen, was passiert ist.»

Obwohl sie heute in Portugal so früh aufgestanden waren, dauerte es noch einige Zeit, bis sie endlich ins Bett gingen. Immer wieder diskutierten sie die Ereignisse durch. Die Mädchen versuchten sich genau zu erinnern, was passiert war, bevor sie ohnmächtig geworden waren. Aber nichts führte zu einer Erklärung. Erschöpft gingen sie schließlich schlafen. Die Jungen in ihre Zimmer, Patricia und Corinna in ihnen fremde Zimmer, in fremden Schlafanzügen, fremden Betten.

Sooty hatte die Person in Patricias Bett inzwischen offensichtlich akzeptiert, sie legte sich neben sie. «Schlaf gut», sagte Corinna und streichelte das Samtfell der Katze, um sie und sich zu beruhigen, «everything will be o. k. again tomorrow, I'm sure it will.»

5

7th March, 1 a.m., Dublin
7. März, 2 Uhr, Frankfurt

Commander Beißer looked into her face. «Sie lügen», he barked at her, «Sie sind ein englischer Spion.» He stood upright on his thin hind legs. His military jacket was covered with medals, but it didn't quite cover all his fur. His bad breath hit Patricia in the face.

«Ich bin kein englischer Spion, ich bin Patricia aus Irland.»

Beißer barked again: «Ein irischer Spion. Noch schöner. Hatten wir ja noch nie! Für wen spionieren Sie? Wem sollen Sie das Baumeister-Geheimnis verraten?» He moved even closer. Patricia backed away. Ouch, her head cracked against something. She opened her eyes.

Thank God! It was just a nightmare. She saw the bedpost she had just banged her head against. It was the one on Corinna's bed. Oh no! She had just moved out of one nightmare into another, a more real one this time.

«You are an intelligent young lady, aren't you?» Die Stimme der Frau in dem eleganten langen schwarzen Samtkleid klang einschmeichelnd. Sie machte einen geschmeidigen Schritt auf Corinna zu und blies ihr den Rauch ihrer Zigarette ins Gesicht. «But you can't fool me. We know you are not Patricia. You look like Patricia, but you don't sound like Patricia.» Ihre Stimme klang plötzlich sehr kalt. «You are a German spy! You want to find out the secret formula of the Shaw business. Admit it!»

Corinna schüttelte verzweifelt den Kopf. «I am not Patricia, I'm Corinna, and yes, I am German, but I'm not a spy. I don't know how I got to Dublin. I don't know why I am here.» Aus dem Hintergrund kam ein Mann auf die elegante Frau zu und hielt ihr ein Tablett hin. Scheren und Messer lagen darauf griffbereit. «It's time, Dr. Soot, to help her remember why she is here», sagte er und reichte ihr eines der Messer. Corinna hielt den Atem an und zog ihren Kopf zurück. Aua, nicht schon wieder einen Schlag auf den Schädel, dachte sie. Sie machte die Augen auf.

Scheiß Albtraum, aber jetzt war er wenigstens vorbei. Sie hing halb aus dem Bett. Wogegen hatte sie ihren Kopf gestoßen? Langsam richtete sie sich auf. Wohl gegen den Nachttisch. Aber es war nicht ihr Nachttisch. Sie schaute sich um, und ihr Herz sank ihr in die Hose: Sie war immer noch in Patricias Zimmer. Der größere Albtraum war also noch nicht vorbei.

Patricia tried to go back to sleep but she couldn't. After tossing and turning for a while in Corinna's bed, she reached for the mobile phone – Corinna's mobile phone. It was still switched on. Hers should still be on in Dublin and she had a very low sound for receiving text messages. If Corinna was asleep she wouldn't be woken up by the sound of one arriving. She wrote a text to her own number:

Can't sleep
nightmare ☹
Your dog = Nazi
Thought I was a spy
Awful!!!!!!!!!!

Corinna lag auf dem Rücken und starrte an die Decke von Patricias Zimmer. Sie wälzte sich im Bett hin und her, konnte nicht wieder einschlafen. Mit dem Aufwachen sollten Albträume doch eigentlich verschwinden und nicht schlimmer werden! Sie befühlte ihre Haare. Ja, eindeutig, das waren noch Patricias Haare. Ein leichtes Summen machte sich im Raum bemerkbar, sie knipste das Licht an. Das Summen kam aus einer Fransen-Tasche, die auf dem Tisch lag. *Das wird Patricias Handy sein*, dachte Corinna.

Sie nahm das Handy aus der Tasche, las die SMS und musste trotz allem lachen. Der arme Beißer, so ein friedlicher Hund und so eine Rolle. Sie schrieb zurück:

Bei mir auch ☹
Verhör durch Sooty als
verrückte Doktorin mit Skalpell
Kann nicht wieder einschlafen

When Patricia read the text she had to smile. Her poor cat a mad scientist! She texted back:

poor us!
try to sleep
nighty night
☺

She turned around in the bed. Maybe she could go back to sleep after all.

Nach den Texten von Patricia fühlte sich Corinna etwas besser. Es war eine furchtbare Situation, aber wenigstens war sie nicht allein. Es war genauso blöd für Patricia wie für sie. Sie streichelte Sooty, die tiefatmend neben ihr schlief und keinerlei Versuch machte, mit ihren scharfen Krallen ein Geständnis aus ihr herauszuholen. Corinna drehte sich auf die Seite, vielleicht würde sie doch noch ein bisschen schlafen können.

7th March, 8.30 a.m., Dublin
7. März, 9.30 Uhr, Frankfurt

Patricia woke up when she heard a knock on her door. David came in.

Er war gespannt, ob er wieder seine Schwester oder das neue Mischwesen Parinna oder Cortricia treffen würde. «Und?», fragte er gespannt. «Corinna? Bist du es wieder?»

«‹Fraid not›», Patricia replied, looking around the room which was still full of football posters, «still her body but still me inside.»

«Tja», sagte David leise und setzte sich vorsichtig auf die Bettkante, «und nun?»

In Dublin hatte Michael Corinna geweckt, und auch sie hatten festgestellt, dass sich nichts geändert hatte, Corinna steckte immer noch in Patricias Körper.

«But look at the bright side», he tried to cheer her up, «we've gained some time.» He showed her a piece of paper: «Another example of mum's famous *Zettelwirtschaft.*»

Corinna las die Nachricht von Mrs Shaw. Sie musste

heute früh nach Galway und würde erst übermorgen Abend zurückkommen. *Gut*, dachte sie, *dann haben wir wenigstens eine Verlängerung*. «Warum hast du gerade ‹Zettelwirtschaft› in deinem englischen Satz gesagt?», wollte sie wissen.

«It's a family word», Michael laughed. «We actually got it from your father. When Mum worked for his company and he was over here, he must have made fun of her. Mum is very fond of notes, of ‹Zettel›, she can't survive without the yellow post-its, they are everywhere in her office and at home, there's always at least one on our fridge in the morning.»

«Das muss meinem Vater echt komisch vorgekommen sein», sagte Corinna, «bei dem gibt es keine losen Zettel, alles steckt in seinem Organizer. Und dann immer der blöde Spruch ‹Ordnung ist das halbe Leben›.»

«It's an odd word though, *Zettelwirtschaft*», Michael continued, «I looked it up. A *Zettel* is a piece of paper, that's easy, but a *Wirtschaft* is either a pub or the economy. Doesn't make much sense, a paper pub or a paper economy.»

Corinna nickte. Zettelwirrwarr wäre wahrscheinlich besser, dachte sie. Was Wirrwarr wohl auf Englisch hieß? Chaos? Was hatten die anderen gestern noch auf dem Flughafen gesagt: *havoc, chaos, mayhem, fiasco*. Gestern, als sie noch Corinna war. Da hätte sie nicht gedacht, dass genau diese Wörter heute so genau zu ihrer Situation passen würden. Wie es wohl Patricia ergangen war? Ob sie auch ein wenig Schlaf gefunden hatte?

Michael looked at his watch. «Time to contact Frankfurt», he suggested and switched on the computer.

David hatte schon den Computer hochgefahren, als fast gleichzeitig sein Handy klingelte und Michael sich am Computer meldete. David stellte die Computer-Verbindung her, übergab an Patricia und ging mit seinem Handy aus dem Zimmer.

«Hi sis», Michael said when he saw his sister, «are you o. k.?»

«Not really», she replied, «I had an awful nightmare and didn't sleep very much, and nothing has changed since yesterday. Corinna, how are you and my body?»

«Bescheiden», antwortete sie, «der Tausch hat sich offensichtlich nicht von allein rückgängig gemacht.»

David kam zurück. «Hallo, Corinna», rief er, als er Patricias Gesicht auf dem Bildschirm sah, «und?»

Corinna zuckte mit den Schultern. «Und nichts. Alles Mist!»

«Dafür haben wir ein bisschen Zeit gewonnen», sagte David, «das war Papa am Telefon.» Er berichtete den anderen, dass sein Vater schon sehr früh ins Krankenhaus gefahren war und heute länger im Büro bleiben würde. «Er kommt erst so um halb neun nach Hause, hat er gesagt. Es sei denn, die Geburt geht los. Dann würde er natürlich alles stehen und liegen lassen und ins Krankenhaus rasen. Er hat tausend Mal gefragt, ob wir alleine zurechtkommen oder ob er nicht doch Oma bitten soll, zu uns zu kommen. Das habe ich ihm zum Glück ausreden können. Und er hat auch gesagt, dass wir Mama im Krankenhaus anrufen sollen, bevor wir vorbeigehen.»

«Wie geht es ihr denn?», fragte Corinna besorgt.

«Alles im grünen Bereich», antwortete ihr Bruder, «wir sollen uns keine Gedanken machen.»

«Und wie machen wir das mit dem Besuch im Krankenhaus?», fragte Corinna weiter.

«Ich rufe an und fahre hin», schlug David vor, «ich kann ihr sagen, dass du erst morgen vorbeikommst, weil du heute besonders lange trainieren musst. Aber dass du natürlich anrufst. Und das kannst du ja direkt von Dublin aus machen.»

«Tolle Idee.» Corinna war erleichtert. Die Vorstellung, nicht direkt von ihrer Mutter zu erfahren, wie es ihr ging, war schrecklich. Außerdem würde sich ihre Mutter natürlich wundern, wenn sie nichts von Corinna hören würde.

«So, we wouldn't have to tell your parents anything about our strange situation yet if we can survive today without them seeing us», Patricia sounded relieved.

«And we don't have to speak to Mum yet, either», Michael added reporting about the *Zettel.*

«Toll, dann haben wir jetzt einen oder vielleicht sogar zwei Tage gewonnen», fasste David die Situation zusammen, «fragt sich nur, wofür.»

«To survive and find a solution, of course», Michael said.

They chatted for a while, trying to make a plan. They would look in the internet and other places like local li-

braries for information about body switches, and in the meantime they would keep all channels open – computer, mobile phones, landline – to talk to or text each other and to help the girls get through the day.

«Any special things Corinna or Patricia were supposed to do in Frankfurt or Dublin today?», Michael asked.

«Ja!», rief Corinna, «Papa hatte eigentlich versprochen, heute zwischendurch nach Hause zu kommen, um mich zum Training zu fahren. Hat er wohl vergessen, wenn er am Telefon gesagt hat, dass wir ihn erst heute Abend sehen werden.»

«I hope he's forgotten it», Patricia said, «I don't think you would be a star footballer today, not with me giving your body instructions, anyway.»

«Aber du musst da unbedingt hin, selbst wenn Papa dich nicht fährt», warf Corinna schnell ein, «ich darf beim Training nicht mehr fehlen, wenn ich die Spiele mitmachen will. Ich war ja gerade erst eine Woche weg. Conny, unsere Trainerin, ist sehr streng. David zeigt dir, wie du mit der Straßenbahn hinkommst.»

«And what the hell am I supposed to do when I get there?», Patricia wanted to know, «speak fluent German and play football like a world champion?»

Die arme Patricia, dachte Corinna. Aber da musste sie durch. Sie fragte sich, was wohl heute auf sie zukommen würde. Bitte, bitte kein Schwimmtraining, betete sie. Besorgt fragte sie Patricia danach, doch diese antwortete zu Corinnas Erleichterung: «Oh, nothing much really. Normally Steff – my best friend Stefanie – would turn

up in an hour or so, we like to hang around together. But she's away for a couple of days. Shopping with her mother in London. So lucky you, you can lie low and stay at home. No major threats.»

Sie würden einfach sehen, was der Tag bringen würde. Jetzt wollten die Mädchen erst mal duschen und dann frühstücken.

«David, will we make the breakfast while the ladies have their showers?», Michael asked, «*Brotherhood* and all that.»

«Solange das keine Gewohnheit wird», antwortete David und sagte zu Patricia: «Und wenn man diesmal Schinken bestellt, isst man auch Schinken!»

«Don't you dare», Patricia kicked him.

«Du wirst ja doch noch 'ne richtige Fußballerin», lachte er und trat zurück.

«Wenn ihr zwei wieder in der Küche zugange seid und wir am Computer bleiben», sagte Corinna hoffnungsvoll, «vielleicht passiert es wieder. Vielleicht passiert der Switch wieder.»

Nobody said anything for a moment. Michael didn't think it very likely, but as he didn't have a better idea himself, he thought he should go along with it. «It's worth a try», he said.

Ten minutes later nothing had happened at the computer, no lightening, no special effects, no falling off chairs. «Come on, Corinna, let's go and have our showers», Patricia said and got up.

«Irgendwie komisch, dass ich jetzt deinen Körper dusche und du meinen ...», sagte Corinna nachdenklich. «Und zieh nachher bloß was Ordentliches an!», rief sie Patricia hinterher, «und nicht deinen komischen Patricia-Look.»
«I'm sure you don't have anything that looks like Patricia in your wardrobe», said Patricia in a snooty voice, «it all looked pretty boring to me. Have fun with my nice clothes», she added.

Blödfrau, dachte Corinna und klickte auf logout.

7th March, 9 a.m., Dublin
7. März, 10 Uhr, Frankfurt

Patricia was impressed by the nice range of shower gels, body lotions and shampoos in the Baumeister's bathroom. Lots of things there, too, which you wouldn't find in their bathroom in Dublin. And much more men's stuff.

It was very strange showering with a different body. The real Patricia was taller than Corinna, her arms and legs were longer and her breasts were more developed, so after examining her new body in the mirror, Patricia decided that there was not much difference between her new body and the way her old one had been about nine months earlier. The legs were more muscular, that was all. But the hair!

Zaghaft schaute sich Corinna ihren neuen Körper im Spiegel an. Sie hatte Patricia im Urlaub zwar manchmal um ihre langen Arme und Beine beneidet, aber das hieß ja noch nicht, dass sie sie gleich haben wollte. Jetzt hatte sie sie und musste mit ihnen zurechtkommen, bis sie den Rückwärts-Switch gefunden hatten. Patricias Busen war eindeutig größer. Musste sie jetzt einen BH tragen? Corinna fühlte sich komisch.

It took Patricia ages to wash her new hair, it was so long. She wondered which of all the different conditioners Corinna usually used, and chose one with apricot oil. She enjoyed the sensation of rubbing the conditioner through the long, silky hair. She usually let her short curls dry naturally, but she was probably going to have to use a hair-dryer on this lot.

Im Badezimmer lagen die üblichen Sachen herum, auch eine Packung Tampons. Hilfe! Gehörten die Mrs Shaw oder Patricia? Oder beiden? Corinna selbst war noch nicht so weit. Hoffentlich passierte nichts, während sie in Patricias Körper steckte. Sie fühlte sich zunehmend unwohler. Sie duschte, wusch die kurzen Locken – was ziemlich schnell ging – und ging zurück in Patricias Zimmer.

Where did Corinna keep her skirts? Patricia couldn't find a single one. All she could find was trousers and jeans in all kinds of different, usually dark, colours, and some shorts. Tanktops, shirts and pullovers, that was it. Not a single dress or a skirt. No leggings either. Nor blouses. Patricia decided that Corinna must have a second wardrobe somewhere with her other clothes. She'd have a proper look later or ask David where it was. For the moment she decided to put on a pair of black cargo trousers with two big pockets down the legs and a red sweatshirt.

Lauter Röcke und Blusen im Kleiderschrank! Einige sogar mit Rüschen-Zeug und Spitze. Und alle so bunt. Furchtbar! So etwas konnte Corinna doch unmöglich anziehen. Sie selbst besaß keinen einzigen Rock und hatte sich immer geweigert, einen zu tragen. Was würden ihre Freunde dazu sagen, wenn sie plötzlich in so was aufkreuzen würde? Aber halt, ihre Freunde würden sie hier ja nicht sehen, sondern nur Leute, die sie für Patricia hielten. Für die wäre es ungewöhnlich, wenn sie in einer alten Hose und Sweatshirt auftauchte – falls so etwas überhaupt in diesem Kleiderschrank zu finden war. Sie musste kleidungsmäßig so tun, als ob sie Patricia wäre. Corinna gefiel diese Idee nicht besonders, aber sie suchte sich etwas Passendes aus dem übervollen Kleiderschrank aus – einfarbige Leggings, einen kurzen Rock und dazu eine lange, buntgemusterte Bluse ohne Rüschen und Spitze. Inzwischen waren die kurzen Locken fast luftgetrocknet. Sie brauchte nicht einmal einen Fön.

Corinna ging in die Küche und bekam den nächsten Schrecken. Auf einem kleinen Teller neben der Muesli-Packung auf dem Frühstückstisch lagen mehrere Pillen.

«Hilfe, was ist denn das?», rief sie entsetzt.

«I tried to remember what Patricia takes in the morning», Michael said after putting a last, bright pink pill on the plate, «I hope that's about it. An antihistamine tablet for her hayfever, a cod liver oil tablet because someone told her it would make her curly hair shine and the other stuff is pills for vegetarians – vitamins and minerals and stuff – in case they don't get all they need from their rabbit food.»

«Nee, die nehme ich nicht.» Langsam wurde es Corinna zu viel. Sie hatte heute Vormittag schon so viel Neues mitmachen müssen, saß nun an einem fremden Frühstückstisch mit einem fremden Bruder in absolut fremden Klamotten ... aber es gab Grenzen. Und wenn sie schon mal in Patricias Haut steckte, dann konnte sie ruhig auch mal so aggressiv tun wie die.

Michael tried to persuade her. «If you start getting asthma because you didn't take your antihistamine you won't be able to swim in that major competition.»

«Schwimmturnier? Ich kann doch gar nicht schwimmen!» Corinna lachte leicht hysterisch.

«But Patricia can. And if you are in her body, that must mean that you can, too.»

«Das mag Patricias Körper sein, aber ich bin jetzt diejenige, die hier drin ist. Das ist schrecklich genug. Ich gehe doch nicht auch noch freiwillig ins Wasser! Und Wettschwimmen erst recht nicht! Und diese Pillen kannste auf jeden Fall vergessen.»

Before Michael could reply, the doorbell rang. He went to open it. When he came back Corinna could see that something had happened which wasn't according to plan. Behind him and walking towards Corinna with a big grin on her face was a lively-looking girl her age.

«Look, who is here, Patricia», Michael said to her, «back earlier than planned. Your friend Steff.»

6

7th March, 9.30 a.m., Dublin

Das Mädchen kam auf Corinna zu und umarmte sie herzlich. Durch Corinnas Gehirn jagten verschiedene Gedanken. Wieso war Steff schon hier? Patricia hatte doch vorhin gesagt, dass sie noch ein paar Tage weg sein würde. Durfte man sie einweihen? Die vier hatten noch gar nicht beschlossen, ob sie ihren Freunden die Geschichte erzählen sollten, was sollte sie jetzt machen? Als Patricia auftreten? Beim ersten Wort würde Steff doch merken, dass sie nicht Patricia war. Die Klappe halten. Aber warum? Zahnschmerzen! Ja, das war's. Bei Zahnschmerzen kann man nicht reden. *Tooth ... tooth,* was hieß nochmal Schmerzen?, *tooth pain* vielleicht? *Bad tooth. Go to the tooth doctor? Must go to the tooth doctor? Have to go to the tooth doctor. Today. This morning. Now.* Aber warum Zahnschmerzen? Und warum gerade heute? Nüsse. Ja, portugiesische Nüsse. *Nuts from Portugal. At the airport.* Füllung raus. Füllung? *Filling?* O Gott, hoffnungslos, das könnte sie nie durchhalten. Es schien Corinna, als hätte sie endlos nachgedacht, während Steff sie umarmt hatte, aber es war, so hatte ihr Michael später versichert, nur eine ganz normale Steff-Corinna-Umarmung gewesen.

«Surprise», rief Steff, «I'm back early. How was Portugal with the Huns?» Bevor Corinna antworten musste, redete Steff schon weiter. «Mum was bored shopping after three days, she had two full suitcases full of stuff anyway, so we flew back early. Just wait till I show you the dress I got.»

Steff zog eine Jeansjacke aus, die nach Cornelias Meinung einigermaßen o.k. aussah. Aber was sie darunter anhatte!

«What do you think of this?», fragte sie und drehte sich. «Fab, isn't it?» Sie trug ein schwarzes Kleid mit Buntstickereien und beschrieb sich mit der Stimme einer Modenschau-Moderatorin: «This adorable dress features tie spaghetti straps», sie zog an den dünnen Trägern, «ruffle trim bottom», sie drehte sich noch schneller um die eigene Achse, damit die Rüschen voll zur Geltung kamen, «and voile embroidery detail.» Dabei deutete sie elegant auf die Stickereien. Corinna nickte stumm. Was sollte sie dazu sagen? Selbst wenn sie fließend auf Englisch antworten könnte, das war nicht ihre Welt.

«Adorable, isn't it?», fragte Steff ganz aufgeregt.

«Just a moment», unterbrach Corinna, hielt sich dramatisch die Backe und stürzte aus dem Zimmer, «the pain.» Sie lief ins Badezimmer, griff sich einen Wattebausch, riss ein Stück heraus und stopfte es links unten zwischen

Lippe und Zahn. Dann musterte sie die Fläschchen auf dem Brett unter dem Spiegel. Sie brauchte irgendwas, das wie ein Desinfektionsmittel aussah. Sie schnupperte an einigen Fläschchen. TCP, das roch schrecklich genug. Sie nahm den Wattebausch noch einmal aus dem Mund, träufelte ein paar Tropfen darauf, stopfte ihn wieder rein – das Zeug schmeckte ebenso grässlich, wie es roch – und ging zurück zu Steff und Michael.

«Mmffump shorry», murmelte sie und hielt sich mit der Hand die Backe, «mppf bad toof. Nuts from Portugal. Mmfp filling ... filling kaputt.» O Gott, das war's, dachte sie, ‹kaputt› war deutsch. Sie hatte es vergeigt. Ihr Gesichtsausdruck musste sich dabei wohl sehr verdüstert haben, denn zu ihrer Überraschung sagte Steff sofort:

«Oh Trish, you poor thing, you look awful. I'm so sorry! And there was me rabbiting on about my new dress. How thoughtless of me. Your poor face looks all swollen, is it very painful?»

Corinna nickte. «Bhvery», antwortete sie kaum verständlich, denn ihre linke Hand bedeckte ihre linke Backe und den größten Teil ihres Mundes. «Ouch», legte sie nach, um Eindruck zu schinden. Vor lauter Selbstmitleid traten ihr sogar einige echte Tränen in die Augen.

When Michael realized what Corinna was up to, he joined in. «Yes, the poor thing, she was moaning all the way back on the flight yesterday. Awful toothache. Bloody Portugese nuts. But we got an emergency appointment with the dentist», he looked at his watch, «in just under an hour from now. She'll have to leave soon, I'm afraid.»

Also, Zahnarzt heißt *dentist* und Zahnschmerzen *toothache*, dachte Corinna. Gut, dass ich nicht so viel geredet habe, und *kaputt* hat Steff vielleicht gar nicht richtig gehört. Nochmal Glück gehabt. Plötzlich fühlte Corinna sich etwas mutiger:

«Mmfp, I'll send you an SMS later. From the dentist!» Sie musste innerlich lachen. ‹Ihr müsst die neugelernten Wörter immer gleich anwenden›, war ein Standardspruch von Frau Jörgens, ihrer Englischlehrerin. Die wäre jetzt sicher sehr stolz auf ihre Schülerin.

Before Steff could reply, Michael butted in: «Honestly, sis, just because we spend a week with two Germans doesn't mean you have to forget your English. You'll ‹text› her. ‹SMS› is what Corinna used to say, remember?»

Corinna schlug sich mit übertriebener Geste mit der Hand vor den Kopf, legte sie aber gleich wieder auf die Backe.

«Great», sagte Steff, «a text live from the dentist's chair. I can't wait.» Ihr Blick fiel auf den Frühstückstisch. «But there are nuts in muesli. Can you eat that in your state?» Sie klang überrascht.

«My muesli», Michael said.

«And my pills», ergänzte Corinna mit ihrer Wattebauschstimme und sah, wie Michael sie kaum sichtbar triumphierend anlächelte.

«I can show you the pictures from Portugal, Steff, and tell you about them even if Patricia can't», Michael suggested. «They are upstairs on her computer, we uploaded them last night.»

Steff looked at Patricia and raised an eyebrow in surprise. Usually he was gone in a flash when she and Patricia got together. «Thanks for the offer», she said smiling sweetly at him, «but I'll wait till Trish can talk again. Till then I'll look forward to getting the dentist torture text! But seriously, Trish, I hope he is gentle with you.» She gave her friend a warm hug and left.

Michael closed the door behind her and went back.

Corinna pulte den Wattebausch aus ihrem Mund. Das Zeug roch wirklich scheußlich. «Phew, that was close. You were amazing, great reaction», he praised her.

«Danke, aber als ich *kaputt* gesagt habe, dachte ich, alles ist vorbei.»

«Why?» Michael was puzzled. «‹Kaputt› is a German word we use in English, like *kindergarten* and *rucksack* and a few others I can't think of at the moment.»

«Glück gehabt, das wusste ich nicht.» Sie warf den Wattebausch in den Mülleimer. «Was ist T-C-…?»

«TCP?»

Corinna nickte. «War im Badezimmer. Ich brauchte irgendwas, das nach Desinfektionsmittel roch.»

«Perfect choice». Michael laughed. «Mum would love you for that. It's her favourite liquid in health emergencies like cuts, sore throats … you name it, TCP cures it. At least that's what she thinks.»

Corinna lachte. «Meine Mutter hat auch so ein Allzweckmittel. Riecht auch abartig, aber anders. Teebaumöl. Gibt's bei Verletzungen aller Art und Hautentzündungen.»

«Tea-tree-oil», Michael translated, «sounds odd. Never heard of it. I thought tea grows in bushes.» He put some muesli into his bowl. «No, take your pills first», he insisted when Corinna put her hand out towards the muesli. He grabbed the container and held it close to his chest.

«Patricias Pillen meinst du wohl», knurrte Corinna, «o. k., das mache ich heute, aber ich überlege es mir morgen nochmal, falls ich dann noch Patricia bin. Die sind wahrscheinlich ohnehin alle wirkungslos!»

«Not *alle*», Michael defended his sister, «you should see her hay fever when she doesn't take the antihistamine pills.» Mentioning his sister reminded him: «We have to get in touch with her, by the way, to tell her to text Steff in an hour or so.»

«Sie muss eine Behandlung beim Zahnarzt erfinden, die Arme», ergänzte Corinna.

«No way, she can't do that. She'll have to say she's texting from the dentist's waiting-room and tell her about Portugal», he suggested.

«Ja, sie kann sagen, dass sie doch länger warten muss als erwartet. Sag ihr aber, dass sie eine rausgebrochene Füllung unten links hat. Das weiß Steff ja jetzt.»

Michael nodded. He took out his mobile.

«Halt!», fiel Corinna noch ein, «sag ihr auch, sie soll auf jeden Fall die Rufnummernanzeige auf meinem

Handy unterdrücken, sonst sieht Steff, dass der Anruf aus Deutschland kommt und eigentlich nicht von Patricia sein kann.»

«What does she have to do?», he was totally perplexed.

Statt zu erklären, was eine Rufnummernanzeigenunterdrückung ist, nahm sie sein Handy und machte es ihm vor.

«Hide ID», he translated for himself and nodded. «*Roof nummer an tsigh ger uhn ter drew ken.* Crazy word. O. k., I'll tell her.» He hesitated. «But hang on. If we do that, Steff won't click ‹reply to message› and will text Patricia back at her usual number instead. And that message will arrive on the phone in your pocket. And then we would have to forward it to Frankfurt. That's much too complicated.»

Sie dachten einen Moment nach, dann hatte Corinna eine Idee: «Ganz einfach. Patricia und ich haben vor dem Abflug in Portugal unsere Telefone aus Versehen beim Fotogucken vertauscht. Deshalb wird Steff von Corinnas Handy angerufen.»

Michael nodded again. «Yes, but it's still awfully complicated», he said, «I hope we can keep track of all these funny stories.»

«Ist nur halb so kompliziert wie dieser Sprachen- und Identitätswechsel.» Corinna spürte eine große Ratlosigkeit. «Ob Patricia und ich das durchhalten?»

Zu ihrer großen Überraschung antwortete Michael ganz optimistisch.

«Look, you and David don't have a problem understanding English and Patricia and I have understood most of your German so far, apart from the odd *roof nummer an tsigh gey*. Understanding works fine, we managed that during the week in Portugal when we each spoke our own language. The problem is when one of us has to speak the other language. But we'll just have to find ways around that. Your toothache was a brilliant idea, for instance, and you and Patricia can text people instead of having to speak for each other. You'll see, we'll manage until we find our way out of this mess.»

Für Corinnas Ohren klang Michael etwas zu zuversichtlich. Sie war sich nicht so sicher. Aber sie nickte tapfer und sagte etwas zaghaft: «Wir schaffen das schon irgendwie. Komm, wir müssen deiner Schwester Bescheid sagen.»

«Will she answer if you use her mobile or should I call David?» Michael wondered.

«Du kannst sie selbst direkt anrufen. Sie sieht ja deine Nummer auf dem Display.»

Michael had to let the phone ring a number of times before Patricia finally answered. «Hi, sis», he said, «you'll never guess what just happened.»

Während Michael seine Schwester über die neuesten Entwicklungen informierte und ihr SMS-Anweisungen gab, überlegte Corinna, was als Nächstes auf sie zukommen würde. Sie schaute auf die Uhr. Es war noch nicht einmal zehn Uhr morgens, aber sie fühlte sich jetzt schon ziemlich fertig. Diese ganze Schauspielerei, diese

ganze Verwirrung ... Viel lieber würde sie sich jetzt auf dem Fußballplatz richtig austoben.

After the phone call, Michael told Corinna that he going to meet his friend Jason. A spare part for his mountain bike had arrived in the post while he was away and he and Jason were going to mess around with their bikes for a while.

«Und was ist, wenn Steff nochmal vorbeischaut?», wollte Corinna wissen.

«She won't. But you could always go out and simply not be at home if she calls by», he said. «Why don't you go for a walk down Dun Laoghaire pier? With that wind and the wild waves it should look great at the moment.»

«Dan Läry…?», Corinna verstand gar nichts.

«Not bad. Dun Laoghaire», laughed Michael. «Here I'll write it down for you, but it looks very different from what it sounds like. If you take the bus at the end of the road, it will bring you there. The final stop. You can't miss it.»

He gave her a piece of paper, one of his mother's *Zettel*, on which he wrote the name of the stop and the number of the bus, as well as a map from a drawer in the kitchen. «Here, this is where we are now», he pointed at an ‹X› marked on the map, «there's Dun Laoghaire and that's the pier. Have fun.» He remembered just in time to give Corinna a key and then he was gone.

Corinna war zum ersten Mal alleine im Haus der Shaws. Ein komisches Gefühl. Sie konnte sich jetzt wenigstens in Ruhe in ihrer neuen Umgebung orientieren und schaute sich alle Zimmer an. Ein hübsches, zweistöckiges Einfamilienhaus war das. Nicht schlecht. In Mrs Shaws Arbeitszimmer gab es Post-its in jeder Farbe, also stimmte das, was Michael über die Zettelwirtschaft erzählt hatte. Und mitten auf dem Schreibtisch lag ein schwarzes Fellknäuel. «Hier steckst du, Sooty.» Corinna setzte sich neben die Katze und streichelte sie. Sooty schnurrte. «Na, hast du dich an mich gewöhnt?» Sooty schnurrte weiter. «Um ehrlich zu sein, ich habe mich noch nicht an mich gewöhnt, und hoffentlich muss ich es nicht. Bald bin ich wieder die alte Corinna, dann bin ich hier weg.»

Sie sah auf die Uhr. Kurz vor zehn. Kurz vor elf in Frankfurt. Eine gute Zeit, um ihre Mutter im Krankenhaus anzurufen. Nicht vergessen, sagte sie sich: Du bist Corinna, hast heute extra langes Training und kommst sie deshalb erst morgen besuchen. Tja, morgen. Mal sehen. Sie unterdrückte vorsichtshalber die Rufnummernanzeige auf ‹ihrem› Handy. Apropos Training: Sie müsste langsam mal wieder anfangen. Während des Urlaubs hatte sie zu wenig gemacht. Vielleicht konnte sie auf dem Pier joggen.

Blödfrau, schimpfte sie dann mit sich. *Ich kann mich doch jetzt gar nicht trainieren. Das kann im Moment nur Patricia für mich tun!*

Sie seufzte und rief im Krankenhaus an.

7

7. März, 10.45 Uhr, Frankfurt

Patricia was very relieved when she saw the breakfast David had organized in the kitchen: a bowl of muesli.

David lachte, als er ihren erleichterten Blick sah: «Hattest du Schinken mit Würstchen erwartet?» Er schob ihr die Milch rüber. «Was machen wir mit dem Fußballtraining? Sollen wir eine Grippe erfinden? Leichtes Fieber?»

«Maybe. It could have been the air conditioning in the plane on the way back. Mum often gets a cold after coming back on a business flight. But that wouldn't be fair on Corinna. She said she has to be at the training. Otherwise she won't be on the team.»

David nickte. «Aber du könntest dich vielleicht beim Aufwärmtraining verletzen. Leichte Muskelzerrung oder so», überlegte er, «das geht. Irgendwas, wo du heute ausfällst, aber beim nächsten Spiel wieder dabei sein könntest – äh, wo die echte Corinna dabei sein könnte. Und reden müsstest du heute nicht viel. Du triffst vorher Nele, der sagen wir Bescheid, und beim Training selbst bist du ja nicht lange dabei.»

Patricia took a deep breath. What a challenge. But pulling a muscle wasn't a bad idea. She could just limp off and go home.

Corinna's phone rang. Should she answer?

David sah sie gespannt an. «Soll ich rangehen und sagen, dass Corinna gerade unter der Dusche steht? Dann kann Corinna nachher selbst zurückrufen?»

Patricia looked at the display. It was Michael's number. «I'll take it, it's Dublin calling», she said happily.

Es war ein längeres Telefongespräch, und David konnte aus Patricias Antworten nicht schließen, worum genau es ging. «Back already!», schrie sie als Erstes und dann mit offensichtlich großem Unglauben in der Stimme: «At the dentist's!!!» O Gott, Corinna musste hoffentlich nicht auch noch zum Zahnarzt.

Als ihm Patricia dann die Geschichte erzählte, war er stolz auf seine Schwester, dass ihr so schnell eine clevere Ausrede eingefallen war.

«Yeah. But at the dentist's! She could have said she had lost her voice because of a bad cold or something.»

«Dann hätte sie gleich eine Ausrede für zwei Tage gehabt», lachte David. «Egal, jetzt wird ‹beim Zahnarzt› gespielt. Um welche Zeit musst du denn deiner Freundin simsen? Hoffentlich nicht, wenn du dir gerade deine Verletzung zuziehst.»

«Her name isn't Simpson.»

«Was?»

«You said when do I have to do something with my friend Simpson. She's called Steff Walsh.»

David lachte: «Nein, *simsen*, habe ich gesagt. SMS schicken.»

«You mean text her. O.k. Michael said I have to do that at half ten Dublin time.»

«Half ten, halb zehn, dann ist es halb elf bei uns.» Er sah auf seine Armbanduhr und schüttelte den Kopf. «Das geht ja gar nicht, ist doch jetzt schon fast elf Uhr.»

Patricia looked at her watch. «No, it's o.k. Half ten is 10.30, that's 11.30 German time with the hour time difference. It's not too late.»

Hilfe, dachte David. Irisch *half ten* ist auf Deutsch halb elf, und mit dem Zeitunterschied ist es halb zwölf. Aber zeitlich passte das jetzt.

«Gut, also halb zwölf statt halb zehn. Das geht. Da sitzen wir gerade in der Straßenbahn», sagte er.

«But it can go on and on if I text Steff. She'll send me one back straight away and I'll have to reply immediately. I haven't seen her for ages, so there's lots to tell.»

«Dann wirst du eben irgendwann, kurz bevor wir aussteigen müssen, aufgerufen und musst zum Zahnarzt auf den Stuhl. Das gibt ein schnelles *bye bye*.»

«O.k.», Patricia nodded. It was certainly all very exciting, but it would be much easier if she could just explain to Steff what had happened. They were obviously going to tell Corinna's friend Nele. When she said this to David, he said: «Das sollten du und Corinna entscheiden. Das sind schließlich eure Freundinnen. Wenn die euch glauben, warum nicht.»

Während sie ihr Muesli aufaßen, erklärte David Patricia die wichtigsten Fußballregeln und den Ablauf des Trainings. «Keine Panik», sagte er zwischendurch, als er das blanke Unverständnis in ihrem Gesicht sah, «das ist

nur zur Sicherheit. Soweit kommt es gar nicht. Davor bist du schon verletzt.»

Patricia tried to smile. Let's hope so. Michael had often tried to explain football to her when he came back from his training in Dublin, but Patricia never paid any attention. Football bored her stiff. «We better check whether Corinna's football gear fits me», she said when they had finished their food, «I think my feet are bigger than hers.»

David musste lachen: «Corinnas ‹football gear› passt dir ganz bestimmt, du bist schließlich gerade in ihrem Körper, einschließlich Füße, und die Schuhgröße hat garantiert nichts mit dem Geist zu tun.»

Patricia raised her eyes up to heaven. «Stupid me.» She sighed. One thing was sure, she would never, ever complain again that nothing exciting ever happened to her. Only a couple of weeks ago she had been giving out to her mother about how boring life was. Now she would give anything to have her own old boring life back again.

On her way back to Corinna's room Patricia suddenly grabbed David's arm. «Outch, Muskel gezogen», she cried holding her leg with the other hand, her face creased up in pain.

David stutzte einen Augenblick. Dann grinste er. «Oskar für die beste Nebenrolle», lobte er sie. «Außer, dass es ‹Muskel gezerrt› und nicht ‹gezogen› heißt. Und vielleicht eher ‹aua› als ‹outch›.»

«Best leading role, not *Nebenrolle*», Patricia said in her best diva voice and limped to the bed in Corinna's room, «aua, Herr Trainer, ich kann nicht spielen. Ich bin verletzt.» She paused for a second. «And what happens then, is there a physio or someone there?»

«‹Trainerin›! Conny ist doch eine Frau. Und was ist ein *physio*?»

«The one who always runs onto the pitch on the telly and sprays ice on muscles or does something so that the injured players can play on.»

«Hmm», überlegte David, «ich glaube nicht. Aber mir ist gerade was anderes eingefallen: Wenn du dich verletzt, kommen natürlich alle zu dir gerannt. Was willst du dann sagen?»

«I'll take Beißer along and get him to bark at them. That will keep them away.» She tried on Corinna's left football boot. A perfect fit. But as David rightly said, it was Corinnas foot.

7. März, 11.15 Uhr, Frankfurt

Patricia was just putting the football gear into the bag when Beißer started to bark. A second later they heard a car pulling up in front of the house.

David lief zum Fenster. «Das ist Papa!», rief er erstaunt, «der wollte doch erst abends wiederkommen.»

«He probably remembered that he wanted to drive Corinna to her training», Patricia said. «What do we do now? We'll have to tell him.»

«Kommt drauf an», sagte David, «mal sehen, was passiert.»

Sie hörten, wie die Tür aufgeschlossen wurde. Erwin Baumeister rief laut: «Corinna, bist du fertig? Ich hab's eilig.»

«Gleich», flüsterte David ihr zu und verließ Corinnas Zimmer.

«Gleich!», Patricia shouted. Thank God we practiced that German ‹ch›-sound so often at school, she thought. A big grin spread over her face. Look at the bright side, Patricia, she said to herself. This will be a real adventure. She didn't know how to behave with a dad anyway, never mind with one in a foreign language.

«Hallo, Papa», ging David auf seinen Vater zu.

«Hallo, David», gab der erstaunt zurück, «was machst du denn noch hier, ich dachte, du bist bei der ...» Sein Handy klingelte. «Baumeister. Ja. Ja. Einen Moment. Ich rufe gleich aus dem Auto zurück. Muss meine Tochter zum Training fahren. Bis gleich.» Er wandte sich wieder David zu. «Heute keine Mathe-Nachhilfe?», fragte er, und ohne die Antwort abzuwarten, rief er: «Corinna, trödel nicht, ich muss schnell wieder ins Büro zurück.»

«Gleich», Patricia shouted again. She was ready. Ready to face the world as Corinna. She kicked the pyjama top which was lying on the floor. Goal for Corinna!

Das Handy von Erwin Baumeister klingelte schon wieder. *Dem können wir den Bodyswitch jetzt unmöglich erklären*, dachte David. *So gestresst, wie der ist.* Er wimmelte am Telefon gerade einen Anrufer ab, als Patricia aus ihrem Zimmer kam. *Hundert Prozent Corinna*, dachte David beeindruckt.

«Alles klar, Kleine?» Erwin Baumeister umarmte seine Tochter. «Hätte fast vergessen, dich abzuholen. Ein Horrortag. Können wir uns beeilen? Ich muss dann schnell wieder ins Büro.»

Patricia nodded and didn't say anything.

Er redete weiter: «Tut mir wirklich leid, dass ich mal wieder voll eingebunden bin. Aber heute Abend gehen wir ins Steakhaus, versprochen!»

Oh no, Patricia thought, *that's just what I need. They probably don't even have decent salad there.* She managed a smile and said: «Ja.»

Corinnas Vater sah auf die Uhr. «Jetzt aber los! Und von der rechten ...»

Mist, dachte David, daran hatte er nicht gedacht. Es gab ein kleines Ritual zwischen seinem Vater und Corinna, wenn sie zum Training oder zu einem Spiel fuhren. Ihr Vater rief ‹Und von der rechten Flanke eine scharfe Hereingabe und ...› und Corinna antwortete ‹Kopfball Baumeister und Tooooooooooooor!›. Aber das konnte Patricia natürlich nicht wissen, er hatte vergessen, es ihr zu sagen. Schnell rief er: «Foul an Baumeister und Elfmeter!»

Patricia looked at the two of them and didn't know what to do. Was she supposed to say something now?

Davids Vater sah ihn überrascht an. «Wieso heute Elfmeter?», fragte er verwirrt.

«Weil ich heute mitkomme», improvisierte David.

«Wieso das denn? Und was ist mit der Nachhilfe?»

«Patrick ist heute krank, da gibt es kein Mathe», log

David. Er hatte schon vor dem Frühstück angerufen und abgesagt. Aber selbst ohne Termine, warum sollte er ausgerechnet zu Corinnas Training mitfahren? «Ich will mir mal das Training angucken», sagte er langsam und suchte nach einem einigermaßen überzeugenden Grund. «Seit dem Algarve Cup finde ich Frauenfußball echt geil.»

«Sehr geil», Patricia supported her German brother and gave him a kick on the bum: «Elfmeter für Corinna!»

«Ausgezeichnet», freute sich Herr Baumeister. Er wunderte sich zwar, dass David sich im Auto hinten neben Corinna setzte, statt wie üblich seinen Platz auf dem Beifahrersitz zu reklamieren, aber dann wendeten sich seine Gedanken wieder der Arbeit zu.

7. März, 11.30 Uhr, Frankfurt

As soon as they got into the car, Erwin Baumeister made a call on his hands free car phone, and Patricia started to text Steff.

David warf ab und an einen Blick auf das Display und hörte zu, wie sein Vater mit einem Geschäftspartner redete. Wenn das Telefonat zu Ende war, musste David ihn in ein Gespräch verwickeln, damit Patricia nur ab und zu eine Kurzantwort geben musste.

Hi Stf,
gr8 dress!!
Wrong mob – swap with Crna at rport ☹.

I h8 dentists ☹ ☹
KOTC
Trsh

«Wie war es heute Morgen bei Mama?», fragte David, sobald das Telefongespräch seines Vaters zu Ende war.

«Es geht ihr gut, irgendwann zwischen heute Nacht und morgen wird es wohl losgehen. Habt ihr sie heute noch nicht angerufen?» Er sah im Rückspiegel, dass seine Tochter sich voll auf ihr Handy konzentrierte.

Hi Trsh,
Tl me bout Algrv.
Dishy guys? :-)'
Fshn?
BFN :*
Stf

«Wollten wir gerade in der Straßenbahn machen, wir dachten ja nicht, dass du uns abholst. Heute früh haben wir die ganze Zeit mit Dublin gequatscht. Der armen Patricia ist eine Füllung aus dem Zahn rausgebrochen, beim Müsli-Essen», plapperte David.

«Die Arme, na, ihre Mutter wird sicher einen guten … Idiot!!!» Abrupt brachte Herr Baumeister das Auto zum Stehen. «Rechts vor links! Ist der Typ blind?!», schrie er und schlug aufs Lenkrad.

Patricia smiled. Erwin Baumeister was as wild a driver as her mother. But he at least used a hands free phone in his car.

No guys
no fshn
Its sun, swimming
nice Huns
show u pics l8r
byby
T

Patricia hoped that David didn't read the bit about the Huns. She didn't think he and Corinna would like that nickname for Germans.

«Könnt ihr die letzten hundert Meter laufen, dann kann ich hier gleich abbiegen und muss nicht wenden», fragte Herr Baumeister, nachdem sie in die Nähe des Trainingsgeländes gekommen waren.

«Klar», antwortete David und stupste Patricia an. «Komm, Corinna, dein Fitnesstraining beginnt heute etwas früher.» Sie nahmen die Sporttasche aus dem Kofferraum, winkten dem weiterfahrenden Auto nach und gingen in Richtung Sportplatz.

«Was bedeuten KOTC und BFN?», fragte David, «hat ja wohl nichts mit ‹kotzen› zu tun, oder?

Patricia didn't know what *kotzen* meant but explained: «KOTC is short for kiss on the cheek, BFN is bye for now.»

David nickte und wollte gerade etwas antworten, als Patricia die Hand hob.

«Wait», Patricia interrupted, «text from Steff.»

Tl me about dishy Hun

Patricia sighed. One-track mind, Trish had.

My turn dentist
Hlp :'-(

Als sie fertig war, sagte David: «Vergiss die Muskelzerrung. Ich habe eine bessere Idee.»

8

7th March, 10.45 a.m., Dublin

Eine halbe Stunde später stand Corinna am Anfang einer Mole, die bestimmt einen Kilometer ins Meer ragte. Das also war *Dun Laoghaire Pier*. Zusammen mit einer Schwester-Mole bildete sie die Einfahrt in einen Hafen voller Segelboote. Befriedigt klappte sie Patricias Handy zu, dieser Anruf hatte ihr sehr geholfen. Sie streckte das Kinn nach vorn und ließ sich die Sturmböen ins Gesicht blasen. Wild war das. Schade, dass sie ihre eigenen Haare nicht dabeihatte, die würden jetzt schön im Wind flattern. Und alle hätten sie mit ihren roten Haaren für eine Irin gehalten.

Die Mole hatte zwei Ebenen, auf denen man bis zum Leuchtturm laufen konnte. Sie nahm die obere, von der man sehen konnte, wie wild das Meer draußen tobte. Mit schnellem Schritt lief sie los, sah die Küstenlinie, die

Landzunge auf der anderen Seite der Dubliner Bucht und, wenn sie sich umdrehte, die Kirchen von Dun Laoghaire.

Ziemlich abgekämpft kam sie an der Spitze der Mole an. Sie war nicht die Einzige, die durch den Sturm gelaufen war. Auf einer Bank saß eine Frau mittleren Alters in einem dicken orangefarbenen Anorak, der zu ihren Haaren passte. Sie waren nicht rot, wie Corinnas, sondern eher hennaorange. Corinna blickte auf den gegenüberliegenden Küstenstrich. Immer wenn eine besonders hohe Welle kam, spritzte die Gischt bis fast zu ihr hoch.

«Do you want to sit down?», fragte die Frau und rutschte ein Stück zur Seite.

Corinna nickte. «Thanks. Very windy today.»

«Yes indeed», antwortete die Frau. «What's your name?»

«Patricia.»

«That's a nice name», sagte die Frau, «but you don't sound Irish. I would have thought German, from the way you said ‹very windy›.»

Blödfrau, beschimpfte Corinna sich, die Frau kannte ihre Geschichte ja nicht, hier hätte sie ruhig Corinna sein können, Corinna aus Frankfurt, zu Besuch bei ihrer Freundin Patricia aus Dublin. Erneut lief eine große Welle auf den Leuchtturm zu. «I am German», sagte sie, «my name is Pa-tri-zi-a.» Sie zerdehnte das Wort.

«Oh, so you just gave the English pronunciation for me, how sweet of you. My name is Mags, by the way. Are you here with your parents on holiday?»

Corinna überlegte einen Moment. «No», sagte sie dann. «I am here to learn English. I have switched for a week with another Patricia. She is in Germany now with my parents.»

«An exchange student, how lovely», sagte die Frau und sah auf die See hinaus. «It's great that Irish kids can just travel the world today without a care and learn languages. Ireland is such a rich country now. It was very different when I was young. I went to Germany as a student, too, you know, but it wasn't as an exchange ...»

«Oh, sprechen Sie auch Deutsch?», unterbrach Corinna sie schnell, denn sie fürchtete, dass die Frau ihr jetzt ihre ganze Lebensgeschichte erzählen wollte. Zu ihrer großen Überraschung antwortete sie:

«Apfelmus.»

«Apfelmus????»

«Yes, Apfelmus. Good German word to know, isn't it? One of the few I remember.»

Schade, Deutsch sprach sie also nicht. «So you didn't study German?»

«No, I did a BA in science. A long time ago.» Die Frau lachte. «Odenwald, that's where I was. Making *Apfelmus* in Odenwald to earn some money. That's the kind of work poor Irish students did in those days during their holidays. These days they fly to Ibiza and get drunk. The world has changed.»

Corinna konnte es kaum glauben. «Ich komme aus, äh, I'm from Frankfurt», sagte sie schnell, «that's near the Odenwald.»

«Yes, Frankfurt. We took the magic bus to Frankfurt to go to the Odenwald.»

«A magic bus??? A bus with a ...», sie suchte vergeblich nach dem englischen Wort für ‹Zauberer›, «... with a magic driver?» Die Frau verstand sie aber auch so, denn sie antwortete lachend:

«Driven by a magician? No, that was the name of a bus company. It was so cheap, it was magic.»

Corinna versuchte sich Patricia als Studentin in einer Apfelmusfabrik vorzustellen. Hmm, dachte sie, eher wohl nicht.

«I nearly went to Frankfurt later again», fuhr die Frau fort, «after the BA I wanted to continue my studies and do an MA in meteorology.»

Corinnas Gesicht musste sich wohl zu einem Fragezeichen verformt haben, denn sie erklärte sofort: «At university you study for three years for your first degree. That is a BA. Then you can go on and specialize for your MA. And I wanted to specialize in research about the weather.»

Corinna sah, wie eine weitere riesige Welle auf die Hafeneinfahrt zu jagte. Wetter war in Irland bestimmt ein wichtiges Thema. *Meteorologie.* Corinnas Interesse an der Frau stieg sprunghaft: Meteorologen wussten sicher alles über Gewitter!

Die Frau hatte inzwischen weitergesprochen: «The big German met office is somewhere near Frankfurt. I could have done some work experience there.»

«So, you are a weather woman?», fragte Corinna.

«Sort of», antwortete die Frau zu Corinnas Verblüffung, «although I didn't actually finish my studies in the end. After finishing my BA I got pregnant. And after my daughter was born I stayed at home.»

Die Frau schwieg einen Moment. Schade, dachte Corinna, sie hatte gehofft, dass diese Zufallsbekanntschaft ihr erklären würde, wie ein Switch passieren konnte.

«I'm a witch now», fuhr die Frau fort.

«A witch?» Sie musste wohl sehr dumm aus der Wäsche geguckt haben, denn die Frau lachte laut auf und erklärte:

«Not one who flies on a broomstick! I am just interested in all the things that science can't explain properly. The healing power of plants and things like that.»

Eine Kräuterhexe, dachte Corinna. «And are you a weather witch as well?», rutschte es ihr raus.

«A weather witch?», fragte die Frau amüsiert zurück, «what does she do?»

«Make lightning, for example?», versuchte es Corinna.

«I'm afraid not. But I am as good at forecasting thunderstorms as any met office with all their supercomputers», antwortete sie stolz.

Corinna versuchte, bei der nächsten Frage ganz beiläufig zu wirken, obwohl sie innerlich sehr aufgeregt war: «And when is the next thunder and lightning?»

Die Frau lächelte. «A lot of girls are afraid of thunderstorms. Are you?»

«No», log Corinna, «I'm a great fan of lightning.» Sie

überlegte einen Moment. «There are lots of very high houses in Frankfurt», versuchte sie eine Erklärung für ihre Blitzbegeisterung, «and lightning looks wild behind those houses.»

«I'm afraid, we don't have any skyscrapers here in Dublin», antwortete die Frau, «but I have good news for you. There will be a thunderstorm here tomorrow or the day after.»

Sie weiß gar nicht, wie wunderbar diese ‹news› für mich sind, dachte Corinna.

9

7. März, 11.40 Uhr, Frankfurt

Before Patricia could ask David what the new solution was, she heard a voice shouting from behind: «He, Corinna, warte!»

David und Patricia drehten sich schnell um. Ein Mädchen rannte hinter ihnen her und klappte dabei ihr Handy zu. «Das ist Nele», flüsterte David Patricia zu, «Corinnas beste Freundin.»

«The goalie, I know», she whispered back, ran towards the girl and gave her a warm hug.

Oh, oh, dachte David, das hätte Corinna wahrscheinlich nicht gemacht.

«Gut gelandet?», fragte Nele, leicht überrascht.

«Mit viel Sturm», Patricia replied. Was that proper German? Nele didn't say anything. What could she say next? Ask Nele something? But she didn't know what her ‹friend› had been doing during the past week.

David war schnell zu den beiden Mädchen zurückgelaufen. «Hallo, Nele», sagte er.

«Seit wann kommst du denn mit zum Fußball?», wollte Nele wissen.

«Seit wir in Portugal ein tolles Spiel der Frauen-Nationalmannschaft gesehen haben», log er.

Nele sah ihn ungläubig an. «Ach.» Dann wechselte sie das Thema: «Und wie waren die irren Iren?»

«Sehr geil», Patricia tried out her new expression. She knew that it must mean something positive.

«Sehr geil», lachte Nele, «so, so. Und was genau war ‹geil› an denen?»

That was not the answer Patricia wanted to hear. She didn't know exactly what *geil* meant, so she didn't know what could be *geil* about the Irish. She tried: «Die waren sehr nett, wir haben viel geschwommen.» She saw David making a face. Ooops, swimming was wrong. Corinna couldn't swim, so she shouldn't have mentioned that. How stupid of me, Patricia kicked herself mentally.

«Die Iren, vor allem Patricia, sind geschwommen wie Weltmeister», kam David ihr zu Hilfe.

Of course I'm a great swimmer, Patricia thought, I train bloody hard for it. This was hopeless. If she even said the wrong things to this girl, how could she possibly pretend to be Corinna on the football pitch?

«Patricia scheint nicht nur gut schwimmen, sondern auch gut schauspielern zu können», sagte Nele mit einem breiten Grinsen.

Patricia and David looked at each other. What was that supposed to mean?

«How … äh … wie?», Patricia stuttered.

«Wie kommst du plötzlich darauf?», wollte David wissen.

Nele machte eine Kunstpause und sagte dann so beiläufig, wie sie konnte: «Hat mir eine Stimme erzählt. Vorhin am Telefon. Von Patricias Handy.»

David und Patricia starrten sie an. Das hätte ihnen Corinna ja auch sagen können! «That's great», Patricia gave Nele another hug, this time as Patricia and not as Corinna.

«Und du hast meiner Schwester die Geschichte gleich abgenommen?», fragte David überrascht. «Wir dachten, niemand würde uns glauben.»

«Habe ich erst auch nicht. Ich hab natürlich geglaubt, die wollte mich veräppeln. Aber dann hat sie die Mannschaftsaufstellung runtergerasselt, mit der wir Weltmeister gegen Brasilien geworden sind, da wusste ich, dass sie's ist! Wenigstens am Telefon, das nicht ihre Nummer angezeigt hatte. Obwohl das immer noch ein Trick sein konnte. Getauschte Handys und so. Aber als ich jetzt diese komische Corinna hier über die ‹geilen Iren› sprechen gehört habe – und dann auch noch freiwillig übers Schwimmen –, wusste ich, dass die Geschichte stimmen muss. Das ist Wahnsinn. Totaler

Wahnsinn! Da käme niemand darauf, dass du nicht Corinna bist.»

Patricia didn't understand what apples and Brazil had to do with Corinna but that didn't matter. Nele knew who she really was, that was all that counted.

«Aber für die anderen ist sie noch Corinna, Nele. Das müssen wir durchhalten, bis wir eine Lösung finden», sagte David.

«Klar.» Nele sah auf ihre Uhr. «Komm, ‹Corinna›, wir müssen uns beeilen. Conny ist immer sauer, wenn jemand zu spät zum Training kommt.»

«Keine Angst, ich hol dich da gleich wieder raus», sagte David und nahm sein Handy heraus. Er erklärte den beiden, dass er beim Verein anrufen würde, sobald Patricia auf dem Trainingsgelände angekommen sei, um zu sagen, dass Corinna sofort ins Krankenhaus zu ihrer Mutter kommen solle.

«Isn't that a bit dramatic?», Patricia asked, but she agreed that it would be better than having to act as if she had a pulled muscle.

«Ruf direkt bei Conny an», schlug Nele vor. «In fünf Minuten, kurz vorm Aufwärmen.»

«Gut. Ich warte hier, bis du rauskommst», sagte David zu Patricia. «Viel Glück!»

Nele grinste und zog mit Patricia los.

«Saved by the bell», Patricia laughed when she met David fifteen minutes later. Conny had told her to go to see her mother and Patricia followed her advice quickly.

Während sie mit der Straßenbahn nach Hause zurückfuhren, rief David Corinna an. Sie erzählte ihm nicht nur, dass sie Nele angerufen hatte, sondern auch von ihrer Begegnung mit der Frau, die das nächste Gewitter vorhergesagt hatte. Allerdings hatte diese Frau sich selbst als Hexe bezeichnet.

«Let's see whether we can find out anything about a thunderstorm here as well», Patricia suggested.

7th March, 11.30 a.m., Dublin
7. März, 12.30 Uhr, Frankfurt

Von Beißer freudig begrüßt, gingen Patricia und David zu Hause sofort an den Computer.

Michael had just arrived back home after spending time with Jason and their bikes. He connected with Frankfurt, and Patricia and David told him what had happened since that morning. They agreed to spend the next hour searching for information online. Patricia wanted to look for a site which told them something about body switches during thunderstorms.

David wollte die Seiten, die sich mit Gewitter und Gewittervorhersage beschäftigten, übernehmen. «Keep your eyes out for information about Dublin witches forccasting lightning», Patricia teased him.

An hour later they came together again. «WWW – zero points», Patricia began, «absolutely nothing on how to use a lightning to reverse a body switch.»

«Habe ich doch gesagt», konnte sich David nicht verkneifen.

Patricia said nothing.

«Bei mir ist es umgekehrt», fuhr er fort, «massenweise Infos.» Er öffnete eine Datei, in die er Textausschnitte kopiert hatte. «Hier, Erklärungen von den Leuten von EWC Weather Consult GmbH zum Gewitter, das kann man gerade noch verstehen.»

«If *man* is a German», grumbled Patricia, «it might as well be Chinese to me.»

`Das Spannungsfeld zwischen Wolke und Erde mit einigen hundert Millionen Volt entlädt sich beim Blitz durch einen schnellen Kurzschluss. Die Luft im Blitzkanal erhitzt sich dabei in Sekundenbruchteilen auf rund 30 000 °C und dehnt sich explosionsartig aus. Diese Ausdehnung der Luft pflanzt sich in Form von Schallwellen fort und wird als lauter Donnerknall, oder in großer Entfernung als dumpfes Donnergrollen, wahrgenommen. Das Licht des Blitzes verbreitet sich in der Luft mit 300 000 km/s (Lichtgeschwindigkeit), die Schallwellen dagegen nur mit rund 300 m/s. Aus der Zeitdifferenz zwischen der visuellen Wahrnehmung des Lichtblitzes und des akustischen Donners kann somit die Distanz des Gewitters berechnet werden: Die Anzahl der Sekunden zwischen gesehenem`

```
Blitz und gehörtem Donner multipliziert man
mit der Schallgeschwindigkeit (300m/s). Da-
mit erhält man die geschätzte Distanz zum
Gewitterzentrum.
```

«Aber dann bin ich zu den Seiten Gewittervorhersage gegangen», fuhr er fort, «und da hab auch ich gar nichts mehr verstanden. Lauter unbekannte Wörter wie Windscherung und …»

«We don't need that», Patricia interrupted him, «Corinna was told by the witch that there will be a thunderstorm tomorrow or the day after in Dublin. And I know that there will be a *Gewitter* in Frankfurt tomorrow.»

«Woher denn?», fragte David erstaunt.

«From the radio in Corinna's room. I had music on while I was surfing and the voice said something about *starke Gewitterneigung* in the Frankfurt area tomorrow. Another stupid word, by the way, I nearly didn't get. I heard *Gewitter*, that was o. k. But what was a ‹Neigung›? So I checked it in the online dictionary. First of all I got *Inclination, slope, tilt*. Crazy. Can you imagine lightning on a slope? And the second option was *attraction* and *fondness*. Love of thunder and lightning? I don't think so. Anyway the third was *tendency*. Which means, I suppose, that they were saying there is a strong chance of a thunderstorm.» She looked triumphantly into the camera. «And will I tell you what else I found? A really wild story about a body switch between Harry and Hermione on a Potter Fansite. It was …»

«Stop!», unterbrach David sie. Gut, dass Corinna noch nicht von ihrem Spaziergang zurück war, sie und Patricia hätten als Potter-Fans jetzt erst mal das Gespräch an sich gerissen. «Das ist doch klasse! Mit ein bisschen Glück haben wir nochmal an beiden Orten ein Gewitter. Vielleicht geht da was. Aber was? Michael, hast du was über Körpertausch bei Gewitter gefunden, was uns hilft?»

«Not really», Michael finally had to admit, «the article that I read about body switches says that the switchers often switch back when they have come to understand the life or perspective of the other person or something like that.»

«I hope it doesn't mean that I have to become a perfect footballer first», Patricia sighed, «because ...» She stopped because her face just appeared on the screen. It still took her a moment to realize that that wasn't her but Corinna.

«Hallo», sagte Corinna, leicht außer Atem. «Das ist ja wild da draußen am Pier. Echt klasse.» Sie fuhr mit den Händen durch die Haare. «Patricias Locken sind jetzt noch lockiger geworden durch den Sturm. Kriegt man überhaupt noch einen Kamm durch dieses verzottelte Gewuschel?», fragte sie und lachte. Die anderen erzählten ihr kurz, was sie herausgefunden hatten. «Wetterhexe und Radio», fasste sie zusammen, «tolles Ergebnis. Also dann, versuchen wir morgen ein *switch back*. Wie wollen wir das anstellen?»

«In the films the switch back usually happens in ex-

actly the same situation as the first switch», Patricia said, «so, if we have thunder and lightning both in Dublin and Frankfurt again, we should do what we were doing yesterday when it happened. Ideally at the same time.»

«Also muss die Brotherhood of Surpressed Brothers morgen wieder Pizza machen, und Patricia und ich sitzen am Computer», sagte Corinna.

«But this time I don't want a bloody salami pizza», Patricia complained.

«Keine Angst, Patricia», sagte David, «bis die Pizza fertig ist, sitzt dann hoffentlich wieder Corinna da und freut sich auf ihre Lieblingspizza.»

Die anderen nickten. «Noch was?», fragte er.

«There's a nice Chinese take-away around the corner from here», Michael said with a smile, «we'll get a take-away tonight, with a full portion of fortune cookies. Perhaps these will help.»

10

7th March, 2.30 p.m., Dublin

Als Steff am Nachmittag vorbeischaute, zeigte sie sich so voller Mitgefühl für die arme, leidende ‹Patricia›, dass Corinna zwar ein schlechtes Gewissen hatte, aber auch stolz auf ihre schauspielerische Leistung war. Sie und Patricia hatten beschlossen, dass es keinen Grund gab, Steff

nicht einzuweihen. Sie würde die Geschichte schon nicht weitererzählen.

Michael let Steff go on a bit and fuss about her friend before he and Corinna gently approached the subject.

«You won't believe this, Steff», he began. When he had told her the whole story he added: «And we're sorry about the dentist story this morning. But we were so surprised when you turned up – remember we thought that you would be away with your mother for a couple of days still. And we hadn't yet decided about who we should tell what to.»

Steff looked at him as if he had two heads. She obviously didn't believe a word he was saying.

«But the texts you got were from the real Patricia», he added, «she wrote them in Frankfurt.»

«It's all true», versuchte auch Corinna Überzeugungsarbeit zu leisten, «I am Corinna from Frankfurt.»

«Come on, you two, nice try, but today isn't April 1st!», Steff laughed sarcastically. «Did you get sunstroke in Portugal or what? Look, why don't you go back to your football or whatever it is you guys do in your free time», she said to Michael, «and let Trish and me get on with the important things in life like shopping.»

Selbst dass Corinna auf Englisch mit ihrem deutschen Akzent sagte, sie wäre selbst Fußballerin und würde sich gar nicht für Mode interessieren, und danach in fließendem Deutsch weitersprach, überzeugte Steff nicht.

«Ah, stop your *hoiten oiten toiten schnoiten*», unterbrach sie Corinna leicht genervt – das war offensichtlich

ihr Versuch, deutsche Laute wiederzugeben, «o. k., so I get the joke, ha ha. You had a whole week to pick up the Hun accent and some clever sentences. The real Trish can come back again now. Come on, we wanted to …»

«Steff», Michael interrupted her, «it really *is* true.» He picked up his phone and rang Patricia in Frankfurt and asked her to have a word with her friend on the mobile. A few minutes later Steff's mouth was still open with shock when the three of them went up to Patricia's room, set up the connection to Frankfurt, and she actually saw her Irish friend on the computer screen, still talking to her on the mobile, in a strange German body.

«Freaky, freaky! Nobody would ever believe it», Steff said, shaking her head over and over again.

«But do you believe it?», Patricia asked via the screen from Frankfurt.

«I suppose I have to», her friend replied. «But I don't know what's worse for you, going to the dentist's or being in a strange body.»

«Being in a strange body» und «In einem fremden Körper sein», sagten die beiden Geswitchten gleichzeitig.

«On the other hand», Steff said slowly, «it might be interesting to have a different body to dress and a wardrobe full of new stuff to try on. I wouldn't mind doing that for a day or two.»

«Depends on the wardrobe», Patricia tried to be discreet, she didn't want to say anything too insulting about Corinna's clothes.

«Kommt auf den Körper an», gab Corinna zurück, «wenn du bei einer englischsprachigen Vegetarierin landest, dann ist das auch kein Zuckerschlecken.»

Michael tried to translate for Steff and they all laughed when he said it «wasn't sugar licking».

«You're thinking about *finger-lickin' good*», Steff teased him, «isn't that an ad for one of those fast-food chicken places you like to go to?»

Steff fiel es schwer, ‹Corinna› zu Patricia zu sagen, aber ‹Trish› wollte sie sie auch nicht nennen, denn ihre irische Freundin war sie nun mal nicht. Sie stellte tausend Fragen: Was würde passieren, wenn die Schule nächste Woche wieder anfing? Was war mit Martin? Und mit Nico?

Nico?, dachte Corinna verblüfft, einen Nico hat bisher noch niemand erwähnt. Auch Steffs Vorstellung, sie könne nun mit einer neuen, halbdeutschen Freundin shoppen gehen und neue Sachen ausprobieren, fand Corinna zumindest gewöhnungsbedürftig. Aber bis es dazu kommt, hat der Rücktausch schon stattgefunden, beruhigte sie sich.

Sie sah aus dem Fenster. Dunkle Wolken jagten über den Himmel, aber kein Gewitter war zu sehen. Sie seufzte.

7. März, 16.00 Uhr, Frankfurt

What was that delicious smell wafting through the air? Patricia was out for a walk with Beißer. She lifted her nose

and, sniffing just like he might, tried to find out where it was coming from. Whatever kind of food it was, she would love to have some. She walked around the corner and, as the smell got stronger, her mouth started to water. There was a long queue in front of a small hut-like building and a few people were standing eating at small round tables on the footpath. It was obviously popular. The smell was really delicious. *Gertis Currywurst* was written on the side.

Currywurst, what was that again? She vaguely remembered Frau Hamann, her German teacher, getting very enthusiastic about it in class, she had even taught them the word *lecker* together with *Currywurst*. The teacher had rubbed her stomach and said «Die Wurst, die leckere Currywurst». Patricia smiled to herself until her memory returned completely. *Wurst* meant sausage! Meat. Disgusting stuff. She was a vegetarian. She hated meat! She had even looked up the German word for *disgusting* so that she could contradict Frau Hamann. She had stuck her tongue out and made a rude noise and said «Die eklige Currywurst» out loud in class, and she now repeated it softly to herself.

«Wie bitte?», a man with a red face beside her asked angrily. She had reached the end of the queue. «Was hast du da gerade gesagt?»

«Die leckere Currywurst!», Patricia stuttered. «Ich sagte ‹die leckere Currywurst›.»

The man frowned at her and said: «Dann ist es ja gut. Ich dachte schon, ich hätte was anderes gehört. Gertis

Currywurst ist die beste in Frankfurt. Die lasse ich von niemandem beleidigen.» He softened up a bit: «Hast du schon mal eine von ihr gegessen?»

Patricia felt a bit panicky. «Nein», she said.

«Na dann, höchste Zeit. Ich empfehle Currywurst mit Pommes», he said and pointed to the paper tray the people at the top of the queue were carrying away.

Patricia's mouth was still watering. I can't want to eat this stuff, I'm a vegetarian, one part of her was saying to herself. But your body is telling you that it wants it, said the other part. Corinna's body you mean, she replied to herself. Corinna's body is your body now, came the answer, if your body wants it, go for it. Well, maybe I could just have a little nibble, she tried to compromise with herself when she heard the man in front of her say: «Gerti, eine doppelte Portion Currywurst mit Pommes für die junge Dame hier. Sie sieht aus, als ob sie sie gebrauchen könnte. Und für mich wie üblich.» He must have felt bad about how he had spoken to her.

«Vielen Dank», Patricia said politely and didn't pretend that there was a war going on in her mind about whether she should or shouldn't. Now that someone was waiting to see her eat it, the decision wasn't hers anymore. She was glad. She stuck the little plastic fork into a piece of Currywurst and popped it into her mouth. Mmmm, it *was* delicious. She ate a second piece before she looked up again at the man. «Lecker!», she said to him with a big smile, and she really meant it. This is Corinna and not me, she told her conscience, as she tucked into a dou-

ble helping of *Currywurst*. Patricia the vegetarian would never eat a *Currywurst*.

7th March, 5.00 p.m., Dublin

Corinna taten die Füße weh. Zwei Stunden Klamotten einkaufen in der Innenstadt! Aber sie hatte in den sauren Apfel beißen müssen – Steff hatte darauf bestanden, wenigstens einmal mit der Deutsch-Irin shoppen zu gehen, bevor der Rücktausch stattfand. Dabei war Steff doch eben gerade von einem *shopping trip* aus London zurückgekehrt. Shoppen in Dublin und die ganze Zeit Englisch sprechen müssen! Corinna war ziemlich alle.

«Corry», Steff ließ sich nicht davon abbringen, ihren Namen so komisch abzukürzen. Als sie zum hundertsten Mal sagte, «Corry, you must try this on! I just have to see if it suits Trish», kam sie sich so langsam wie eine wandelnde Barbie-Puppe vor.

Endlich konnte sie Steff überreden, Pause zu machen und in ein Café zu gehen. Dort saßen sie nun beim Cappuccino und besprachen ihre Einkäufe. Steffs Einkäufe. «I don't know why you didn't buy anything in that last shop, Corry», sagte sie, «I really don't.»

Plötzlich stand ein Mädchen in ihrem Alter an ihrem Tisch. «Hi, girls», sagte sie, «I know Trish is tasty enough to eat, and pretty hot too, but you don't have to call her after an Indian dish, Steff, especially when there is usually meat in it.»

«Lucy», kreischte Steff, sprang hoch und umarmte die Freundin. Corinna gab ihr, ohne zu überlegen, die Hand. Lucy schaute sie entgeistert an. «Do you want to shake my hand or what?», fragte sie, «‹how do you do› kind of stuff? Where does that come from all of a sudden?»

«Äh …», Corinna fiel nichts ein.

«It's the latest fashion on the continent, Lucy», rettete Steff sie, «Trish picked it up from some Germans in Portugal. Really close friends there don't hug and kiss anymore, they shake hands instead. Cool, isn't it? A bit like high fives only it's low fives.»

«Yes, Lucy», spielte Corinna mit, «it's the cool fashion. But if you rather have a hug and a kiss, then please.»

Als Lucy sie immer noch leicht befremdet anschaute, lachte Steff zur Ablenkung sehr laut. «That's our Trish, always good for a laugh, isn't she? Spends a week with Huns then comes back home and pretends to speak English like them!»

«Jawohl», sagte Corinna, um Steffs Geschichte zu unterfüttern. Lucy lachte schallend. «You nearly had me fooled there, Trish, great show!»

Ein leichtes Grummeln am Himmel auf dem Heimweg ließ Corinna auf Gewitter am Abend hoffen. Sie war geschlaucht, das Spiel würde sie nicht mehr lange durchhalten können.

7. März, 18.00 Uhr, Frankfurt

When Patricia got back after eating the *Currywurst* she was furious with herself. *Leckere Currywurst, leckere Currywurst*, she shouted at herself, you stupid idiot, it's *eklige Currywurst, eklige Currywurst*. She kicked everything that was in her way. How could she have eaten that stuff! Horrible. She felt like throwing up. She wanted to bang her head against the wall. She paced up and down Corinna's room. Hold it, she said to herself. She had to do something to stop becoming Corinna, to stop Corinna's body deciding how she, Patricia, was to behave. What could she do? What would Corinna never do? Swim! She would go for a swim. She switched on the computer and googled *Schwimmen Frankfurt.* The first link was *Schwimmen im Umkreis von 35 km um Frankfurt.* Lots of swimming pools. She took the Frankfurt map and looked for the nearest one.

She searched Corinna's wardrobe for a pair of swimming togs, but all she could find was a skimpy bikini for sunbathing. *Wouldn't be able to go in for a competition in these*, she thought, *but if they don't come off when I swim, then I won't complain.* She was curious to see whether she would be able to swim in a non-swimmer's body, but she quite simply couldn't imagine herself not being able to swim. But then she couldn't have imagined herself really wanting to eat a *Currywurst* either, there Corinna's body had simply taken over. Would it take over in the water, too?

Patricia got into the water slowly and cautiously, she didn't jump in at the deep end as she usually would, but used the steps. She felt the cool water flowing over her skin as she ploughed her way through the swimming pool. Corinna's legs were much stronger than hers, she noticed that straight away, and she had a slight problem at the beginning coordinating her movements, but that was just because this body wasn't used to that activity. After a while it felt like the most natural thing in the world. She swam several lengths, trying out all the different strokes in Corinna's body. They all worked. She was in her element here, she didn't need a language for her body to communicate happily with the water. She must tell Corinna that her body could swim after all.

On her way back to the Baumeister's flat she heard some distant thunder. Hopefully the coordinated thunderstorms would work that evening.

7th March, 7.00 p.m., Dublin
7. März, 20.00 Uhr, Frankfurt

Obwohl es sich vier Personen an zwei Orten sehnlichst herbeiwünschten, kam das Gewitter an dem Abend nicht. Die Wolken zogen über den Dubliner Himmel, es regnete, aber kein Blitz war zu sehen. In Frankfurt blitzte und donnerte es kurz, das Gewitter war allerdings weit weg: Fünfzehn Sekunden zählte David, über fünf Kilometer.

«Let's try, nevertheless», Patricia suggested. The long

swim had given her new energy and she didn't want to miss out on a chance, even if it was only a slim one.

Alle gingen auf ihre Positionen, die Jungen in die Küche zum Pizzabacken, Patricia und Corinna an die Computer. Sie warteten. Und warteten. Und warteten. Nichts passierte.

Patricia was really annoyed: «All that bloody thunder and lightning in Dublin all the time when you don't need it, and when you do need it, it doesn't bloody come», she cursed.

«Vielleicht morgen», sagte Corinna.

In her hearts of hearts Patricia mustn't have believed it was going to happen that evening. She had asked David to bake her a vegetarian pizza, even though it would have been for Corinna if the re-switch had worked. Vegetarian food would be very good for Corinna, she told herself. And at least if the re-switch didn't work that evening, she wouldn't be confronted with another salami pizza on top of everything else.

«Wer ist eigentlich Nico?», unterbrach Corinna Patricias Gedankengang und sah, wie der Kopf auf ihrem Körper wieder rot anlief, «Steff hatte vorhin gesagt, dass ...»

Before Patricia could reply David entered the room. «Papas Auto ist gerade vorgefahren», sagte er.

«Steakhouse!», Patricia shouted, «he said in the car he wanted to take us to the Steakhouse! So how do we explain the pizzas?»

«Weil ihr mit Dublin geredet habt und Michael und

Patricia eine Pizza gegessen haben. Das war ansteckend», schlug Corinna aus der Ferne vor. «Ich lasse euch jetzt lieber allein und kann nicht einmal sagen, dass ihr Papa lieb von mir grüßen sollt», verabschiedete sie sich traurig.

Die Pizzas waren fast fertig, als Erwin Baumeister das Haus betrat. Er sog den Duft, der aus der Küche kam, ein: «Ich komme mir vor wie ein richtiger Rabenvater», sagte er, «dabei habe ich mich heute Abend doch gar nicht so arg verspätet.»

Patricia made a mental note to ask David later what a *Rabenvater* was. Didn't sound very positive from the way Erwin Baumeister said it. She plucked up all her courage and said: «Wir haben mit Dublin geredet, und Michael und Patricia haben eine Pizza gegessen. Das war anstrengend, äh, ansteckend.» David warf ihr einen anerkennenden Blick zu und ergänzte, dass sie in dem Moment das mit dem Steakhaus glatt vergessen hatten, weil sie plötzlich so einen Mordshunger hatten. «Aber wir können die Pizza locker zu dritt als Vorspeise essen und immer noch mit dir ins Steakhaus fahren», schlug er vor und fragte gleich weiter: «Was Neues von Mama?»

Sein Vater berichtete, dass bisher alles gut verlaufen sei. Die Frauenärztin hätte gesagt, dass die Wehen sogar schon im Laufe der Nacht oder am nächsten Morgen einsetzen könnten. «Morgen werdet ihr Mama also wahrscheinlich erst mal nicht besuchen können, aber ich rufe euch an, sobald es Nachrichten aus dem Krankenhaus gibt. Sobald das Baby da ist.»

«Birgit», Patricia was getting more confident about speaking German now, «sobald Birgit da ist.»

Erwin Baumeister looked pretty tired and Patricia wasn't surprised when he said what he would really like to do most of all would be to have a pizza and a beer in front of the telly with his kids, if that was o. k. with them. It was certainly o. k. with Patricia who didn't want to go anywhere near a steakhouse. He wasn't bad as a dad, she thought, pretty kind. What a strange situation – her spending an evening in front of a German telly with a German dad. Part of her liked the idea. Especially now that she had a vegetarian pizza. And best of all, with the telly on, she wouldn't have to say too much. They might even have a few German-Irish laughs together.

11 ☆

8th March, 8.00 a.m., Dublin
8. März, 9.00 Uhr, Frankfurt

Am Morgen des nächsten Tages wurde David von einem lauten Knall geweckt. Das Gewitter war diesmal viel näher als gestern. Schnell stellte er von seinem Computer eine Verbindung nach Dublin her, Corinna war auch schon wach und antwortete sofort. «Ich habe ein Gewitter zu bieten», sagte er aufgeregt, «und du?»

«Nicht wirklich», antwortete sie, «nur schwere Wolken. Aber die Hexe hat ja auch nicht gesagt, dass das Gewitter schon am Morgen da sein sollte», machte sie sich Hoffnung.

David berichtete seiner Schwester vom gemeinsamen Fernseh- und Pizzaabend mit ihrem Vater. Und bat seine Schwester, ihre Mutter möglichst gleich anzurufen: «Vergiss nicht, den schönen Fernsehabend zu dritt zu erwahnen», fügte er hinzu, «und dass du eine Spinatpizza gegessen hast.»

Corinna nickte. Sie würde sofort das Krankenhaus anrufen.

Nach dem Frühstück redeten sie zu viert. David erzählte auch Michael von dem Abend in Frankfurt.

The situation on the home front in Dublin was easier, Michael thought. First of all there was only one parent to worry about, and her mum was still away in Galway.

Patricia told them that she had phoned her mother the night before for a quick chat and had told her that everything was fine in Dublin and yes, she and Michael missed her and no, he wasn't eating too much fastfood and that yes, they would look after themselves until she got back, and no, they weren't planning on throwing a big party now that they had the house to themselves.

«Ich möchte ein paar Kumpels in der Stadt treffen», sagte David zu Patricia, nachdem sie erst einmal offline gegangen waren, und fügte zögernd hinzu: «Wenn du willst, kannst du mitkommen.»

«As Corinna?», Patricia raised both eyebrows. «Thanks for asking, but I think I'll stay at home. Though I'd like to see what a ‹Kumpel› looks like. Sounds friendly but a bit lumpy at the same time.»

«Kumpel, not Klumpen», lachte David. Er war erleichtert, dass sie nicht mitkommen würde. Marco und Phillip hatten sich schon darüber beschwert, dass er sich seit der Rückkehr aus Portugal ziemlich rargemacht hatte. Und er konnte ihnen ja schlecht erzählen, dass er sich dauernd um eine falsche Schwester kümmern musste.

Patricia was glad to get the place to herself. She didn't have to pretend anything or do anything Corinna would have to do. She had a good look in every room in the large flat. She had seen most of it already, but now she could take her time having a proper look. At the cute things in the new baby's room, for instance. She wondered what it would be like to have a new baby in the family. She didn't think her mother would have any more children. Since the divorce she hadn't had any really serious relationships. Or at least none that Patricia knew of. Well, she thought, if I have to stay Corinna then I will have a baby sister soon. She wondered how long it would take before she could speak as fluent German as the real Corinna. She would probably enjoy eating meat, anyway, she had found that out at the Currywurst-Bude. Would she take up football too, and start liking all those boring clothes in the real Corinna's wardrobe? *Stop it, Patricia!*, she commanded herself. *Think positive. Tomorrow I will be 100 % Patricia Molloy again. No doubt about it.* «Beißer,

Beißer!», she called the dog. To take her mind off things, she'd take him for a jog around the block. If she ran quickly enough, nobody would be tempted to talk German to her. And after Corinna's body treated her to a nice swim the day before, she decided she would repay the favour by helping it to get fit for the next football match.

She was just about to leave the flat when the phone rang.

«Hilfe!», someone cried. It was Corinna at the other end.

Michael hatte sich mit Jason zu einer Fahrradtour verabredet, nachdem sie offline gegangen waren. Corinna genoss das bisschen Zeit allein zu Haus. Sie schaltete den Fernseher ein und zappte ein wenig herum. Da gab es unheimlich viele englischsprachige Sender, die sie in Frankfurt nicht bekamen. Aber sonst erkannte sie die gleichen Formate: Quiz-Shows, Reality-Shows, Soaps. Das Übliche.

Es klingelte an der Tür. *Das wird nicht für mich sein*, dachte sie, *also mache ich nicht auf.*

Es klingelte erneut. Dann klopfte es.

«Patricia», rief eine männliche Stimme, «are you there?»

Zögernd ging Corinna zur Tür und öffnete. Draußen stand ein Typ, groß, dunkle Haare, Lederjacke, Motorradhelm unterm Arm ... Sah gar nicht übel aus.

«Hi», sagte er.

«Hi», antwortete sie.

«You're back from your holidays», fuhr er fort.

«Yes.» Einen Moment lang schwiegen beide.

«Can I come in?», fragte der Typ schließlich. Hätte Patricia ihn reingelassen?, fragte sich Corinna. Es könnte schließlich ein wildfremder Mann sein. Aber er kannte ihren Namen. Wildfremd war er wohl nicht. Sie nickte und machte eine einladende Handbewegung.

Er ging direkt ins Wohnzimmer und setzte sich aufs Sofa. Offenbar kannte er sich aus.

«One moment, please», stammelte Corinna und flüchtete in ihr Zimmer. Schnell Patricia anrufen! Wer war der Typ, was wollte er von ihr?

«Oh my God!», Patricia squealed, «it's Martin. Oh why can't I be in Dublin», she moaned.

«Hör auf zu jaulen, Patricia, ich brauche schnelle Anweisungen. Er heißt Martin und was noch? Was soll ich ihm sagen, was soll ich tun?»

«Don't kiss him, Corinna, otherwise I'll never speak to you again», Patricia declared.

«Das hatte ich nicht vor», antwortete Corinna beleidigt. «Aber selbst wenn, das wärst doch du, die er küsst, und nicht ich.»

«That's too theoretical for me. Just keep you hands off him, o. k.? But be friendly, very, very friendly. I want him to come again.»

«Und worüber sollen wir uns unterhalten?»

«Swimming. Talk about the big competition that's coming up.» Patricia remembered how well she was able to use a sentence Corinna gave her the night before when she had to talk to her father. That might work for Corinna as well. «Say something like: ‹Have you started training for the competition yet?›, for example», she suggested, «but whatever you do, be friendly. And smile. Be charming.»

Ja, ja, das konnte Patricia aus der Ferne leicht fordern, dachte Corinna. «Have you started training for the competition yet?», fragte sie sofort, als sie ins Wohnzimmer zurückkam.

«Yeah, I'm working on my butterfly at the moment», kam als Antwort.

Butterfly??? Was war das nochmal? Ein Muskel? Nein. Sie erinnerte sich dunkel, dass das Wort Schmetterling bedeutete oder dass eine Schmetterlingsart *Butterfly* hieß, aber was hatte das mit Schwimmen zu tun? Schon bei der ersten Frage gescheitert. Mist! Sie musste jetzt irgendwas Unbedenkliches dazu sagen.

«Is that difficult?», fiel ihr ein.

«What?»

«Butterfly.»

Martins Gesichtsausdruck nach zu urteilen, war das die falsche Frage.

«You swim butterfly yourself, Patricia, you know how difficult the stroke is», antwortete er etwas verwirrt.

«Of course», stammelte Corinna, «I meant, is the training difficult? I'm sorry, I'm a bit confused since my holidays», sagte sie. *Klingt ziemlich blöd,* dachte sie, *wahrscheinlich macht das die Sache noch verwirrender.*

Diese Antwort schien ihn aber nicht aus der Fassung zu bringen. «I have my swimming stuff on the bike. If you want we could go to the pool together», schlug er vor.

Corinnas Herz raste. «Now?», fragte sie ein klein wenig zu laut und zu schrill.

«Why not?» Der Typ war wirklich gelassen.

«O. k. Fine. Now», Corinna versuchte ebenfalls gelassen zu wirken, «I'll get my swimming stuff.»

Als sie Patricia wieder am Telefon hatte, stieß sie ein panisches «Ich muss mit ihm schwimmen gehen!» aus, «was soll ich machen?».

Patricia tried to calm her down. «Look, Corinna, I didn't tell you yet, but I went swimming in Frankfurt yesterday. With your body. And it worked perfectly well. You can swim!»

Corinna war schockiert. «Du hättest mich umbringen können! Ertränken! Wie bist du bloß auf so eine blöde Idee gekommen?»

«Look, we don't have time to discuss this», Patricia interrupted, «Martin is waiting for you to come back. You'll find my swimming gear in a blue and white sports bag in the bottom of my wardrobe. Good luck. Remember, my body can swim, just trust it.»

Obwohl sie gerade auf dem Weg in eine totale Blamage war, genoss Corinna die Fahrt zum Schwimmbad auf dem Motorrad. Martin hatte ihr wie ein Gentleman seinen Helm gegeben, sie schmiegte sich eng an seinen Rücken und genoss den Geruch der Lederjacke. Wenn er Patricia küssen will, habe ich bestimmt nichts dagegen, schoss es ihr durch den Kopf. Aber wenn er sieht, wie Patricia sich am Wasserrand wie eine dämliche lahme Ente verhält, wird er bestimmt nichts mehr mit ihr zu tun haben wollen, dachte sie traurig. O Gott, wie sollte sie aus dieser Situation wieder heil rauskommen?

In der Umkleidekabine wurde sie von vielen Mädchen freundlich begrüßt. «Hi, Patricia, did you have a nice holiday?» und «Nice tan, Patricia» und «See you at training next week, Patricia», sagten sie, aber zum Glück wollte keine von ihnen länger reden, sie wollten offensichtlich alle schnell ins Wasser. So brauchte sie einfach nur freundlich zu nicken und «Yes, great thanks», «Thanks» oder «Yes, see you then» zu sagen, während sie Patricias Kleider aus- und den sportlich aussehenden Badeanzug anzog. So etwas hatte sie bisher im Leben nicht getragen, komisch fühlte sich das an, ganz enganliegend, wie eine zweite Haut. Einige der Mädchen setzten Badekappen auf. Mit meinen langen Haaren muss ich das bestimmt auch, dachte sie, bis ihr wieder einfiel, dass ihre jetzigen Haare ja kurz und lockig waren.

Sie duschte sich wie alle anderen, bevor sie zum Becken ging und durch die Desinfektionsanlage lief, damit Patricia keinen Fußpilz bekommen würde. Jetzt sehe ich bestimmt wie jede andere Schwimmerin aus, dachte sie, dabei raste ihr Herz, ihr Mund war völlig ausgetrocknet, und sie fühlte, wie Schweißperlen auf ihre Stirn traten. Sie hatte Todesangst, als sie sah, wie alle fröhlich in den Pool sprangen. Martin war schon im Wasser und winkte ihr zu. Das war der Moment der Wahrheit, sie musste jetzt reinspringen und zu ihm rüberschwimmen.

Corinna wurde schwarz vor den Augen. Sie drehte sich schnell vom Wasser weg und setzte sich zitternd auf einen weißen Plastikstuhl an der Wand.

Mit kraftvollen Zügen schwamm Martin zu ihr rüber, hievte sich aus dem Wasser und fragte: «Patricia, what's the matter, are you o. k.? You're white as a sheet.»

Corinna dachte hektisch nach und hielt sich plötzlich die Backe. Diesmal zur Abwechslung die rechte Seite. Falls es noch keinen Weltrekord im Zahnarzt-Lügen gab, war sie gerade dabei, einen aufzustellen.

«Ouch», sagte sie, das richtige Wort kannte sie ja schon: «toothache». Zum zweiten Mal traten ihr beim Zahnweh-Spiel echte Tränen in die Augen. Es waren aber diesmal weniger Selbstmitleids- als Erleichterungstränen. Denn in den Pool springen wäre viel schlimmer gewesen als jeder Zahnarztbesuch.

«You poor thing», Martins Stimme war voller Mitleid, «you really look awful. Is it very painful?»

Corinna nickte stumm.

«Do you want me to bring you to the dentist?», fragte er.

«No, thanks», sagte Corinna. Sie überlegte. Sie konnte jetzt nicht einfach verschwinden, sondern musste sich irgendwie so von ihm verabschieden, dass Patricia sich ohne Probleme wieder mit ihm treffen konnte. «We can come to the pool together another day», sagte sie kaum verständlich durch ihre rechte Hand, die ihre Backe und den größten Teil ihres Mundes bedeckte, und versuchte dabei, ihn trotz allem anzulächeln, «maybe next week?» *Bis dahin ist die echte Patricia hoffentlich wieder hier,* dachte sie und lief langsam, Hand auf der Backe, Richtung Umkleideraum und Erlösung. Sie fühlte sich völlig erschöpft.

8th March, 10.00 a.m., Dublin
8. März, 11.00 Uhr, Frankfurt

Lightning did strike earlier than expected. Michael and Jason had only just reached the base of the Sugarloaf mountain when Michael saw the first signs in the distance. He counted the number of seconds between lightning and thunder. It was still pretty far away. He counted again after the next flash. It had changed slightly, the lightning was definitely moving in their direction. He stopped, called Patricia and told her about the situation.

Patricia was still jogging with Beißer who seemed to enjoy the run. There was some lightning in the sky, but it was far enough away for Patricia to feel safe outdoors. Still, it might change any minute. «It's worth a try», she agreed with her brother on the phone, even if she didn't feel over-optimistic.

«Will I call Corinna?» Michael asked.

«No, you call David», she replied, «I'll call Corinna.

There's something I have to ask her anyway. Girls's stuff.»

David nickte nur kurz und sah zum Himmel, als Michael ihm am Telefon die neue Lage aus Dublin schilderte. Er wünschte sich, dass das Frankfurter Gewitter noch zulegen würde. Er entschuldigte sich bei Marco und Phillip und machte sich auf den Weg nach Hause.

When Patricia called Corinna she wanted to hear all about Martin's visit before passing on the latest weather news. She wasn't very impressed by the dentist story, but she had to admit that it was probably the best thing to do in that situation. «It's a good thing that he hadn't met Steff before we let her in on our story. Otherwise he would have heard that you had been to the dentist's already», she said. «Oh God, it's all so complicated.» Then she finally told Corinna about Michael's call.

When Michael got back home Corinna had already preheated the oven.

»Pizza um halb elf. Ich nehme an, alles muss möglichst gleich sein, oder?»

Michael shrugged his shoulders. «Probably», he said but didn't sound very sure. They went upstairs to the computer.

Patricia greeted them with a hysterical laugh. «So this is it, then!», she said, sounding as if she had to convince herself.

Hinter ihr kam David ins Zimmer. «Spinat und Salami?», fragte er und hielt zwei Packungen hoch, «das ist alles, was wir noch haben. Wenn das nicht jetzt klappt, müssen wir erst mal einen Pizza-Großeinkauf machen.»

Corinna meldete, dass sich das Gewitter in Dublin recht schnell auf sie zu bewegte.

«O.k.», Patricia said, «no change here yet, it's still only a little *Gewitter*. But let's try.» She opened the window.

«Ich glaube nicht, dass ein Blitz ein offenes Fenster braucht», murmelte David und verzog sich mit seinen beiden Pizzas in die Küche.

The two girls didn't know what to do. Sit there silently? Talk normally? But how can you make normal conversation if you expect to be knocked out and wake up in a different body? Patricia didn't even feel like asking any more questions about Martin's visit.

Corinna fragte, wie es Beißer ging, aber sie war nicht bei der Sache. «Wir müssen auch wieder unsere Urlaubsbilder anschauen», sagte sie, während ein Blitz und ein Donner ziemlich schnell aufeinanderfolgten. «Los, Blitz», feuerte sie das Gewitter an, als wäre es die deutsche Nationalmannschaft, «los, schlag zu!»

They waited and waited in silence. Nothing happened. Patricia sighed. She felt awful. The last chance to change back into her body was slowly disappearing. So that was it, was it?

Corinna merkte, wie ihr ein paar Tränen in die Augen traten. In Patricias Augen. Nichts passierte. Gar nichts. Würde sie denn nie wieder sie selbst sein?

12 ☆

8th March, 10.45 a.m., Dublin
8. März, 11.45 Uhr, Frankfurt

When the boys came into the girls' rooms with their pizza service, they saw straight away that the re-switch hadn't happened. Tears were rolling down Corinna's face.

Corinna war am Ende. Vortäuschen zu müssen, eine andere zu sein, und nicht zu wissen, ob oder wann das rückgängig gemacht werden konnte, das war alles zu viel. Sie wollte ihre Eltern wiedersehen, wollte dabei sein, wenn die kleine Birgit nach Hause kam, wollte ihr altes Leben und ihren eigenen Körper zurück! Und sie hatte das Vegetarier-Hasenfutter und die bunten Pillen satt. Sie wollte ihr «normales» Leben mit «normalem» Essen wiederhaben.

«Don't you dare pollute my body with meat», Patricia shouted. She could have told Corinna that she had had meat, that she, Patricia, had fed her body with Currywurst, but why should she. It was one thing her feeding Corinna's body with meat. She, Patricia, didn't want any meat in hers. She was sick and tired of this whole thing. She wanted her own body back. Now!

«Und wenn doch?», fragte Corinna angriffslustig.

«Then I'll go to the next tattoo shop and have a picture of a huge bull tattoo-ed on your right arm. That should look good when you're wearing your football gear.»

«Das würdest du nicht wagen!», rief Corinna empört.

«Wait and see», Patricia responded cooly.

«Heißt das, dass du als ich noch gar kein Fleisch gegessen hast?»

Patricia had gone too far to confess now. «Of course I haven't eaten any meat», she lied. «I told your father that I was so impressed by my Irish vegetarian friend Patricia during the holidays that I have now turned vegetarian, too.»

«Du Biest! Das zahle ich dir heim, das schwöre ich.» Sie überlegte kurz. «Wie wär's mit Piercing? Zum Beispiel am Nabel, vielleicht auch durch die Lippen. Das würde bestimmt sehr gut zu dir passen.»

Patricia laughed bitterly. «Did I mention that I have an appointment with the hairdresser tomorrow to have my long hair cut short? Much more fashionable these days.»

Am anderen Ende heulte Corinna auf.

Michael and David had stayed silent during this outburst, but Michael now decided to intervene. It was all moving in a dangerous direction. «Come on, girls, cool it! It is an awful situation, I know. But you are in this together, remember. If you start mutilating each other, there'll be no end. Neither of you can win. So just calm down.»

«Ich will nicht in Dublin bleiben, während mein Körper in Frankfurt ist. Wer weiß, was die damit anstellt. Ich möchte meinen Körper lieber im Auge behalten», knurrte Corinna.

«What are you suggesting?», Michael asked, «that we somehow get together in one place?»

«Wie soll das denn gehen?» David war skeptisch.

Patricia said nothing. Stony silence. She was still so insulted by what Corinna had said. Let the others sort it out. She was sick and tired of the whole thing. She wanted to have her own body back too, back from that stupid cow Corinna!

«Also, Corinnas Körper und ich können Frankfurt nicht verlassen», stellte David fest. «Unsere Eltern würden durchdrehen. Neues Baby, und wir sind nicht da, das geht nicht.»

But Pauleen Shaw would be away for another night, theoretically at least they could disappear for a day and a half without her noticing.

«Wollt ihr nicht nach Frankfurt kommen?», fragte David.

Corinnas Stimmung hellte sich schlagartig auf: «Das wäre toll! Endlich wieder zu Hause!»

«My God, how many months have you been away?», Patricia broke her silence to make a sarcastic remark.

Corinna antwortete nicht. Sie überlegte. Konnte man in ihrem Alter einen Flug einfach so buchen? Und auch ohne Begleitung Erwachsener fliegen? Allein fliegen war klar, das hatten Corinna und David nach Portugal gemacht, aber da hatte ihr Vater sie als ‹unaccompanied minors› angemeldet, und sie waren von der Fluggesellschaft betreut worden. Aber ganz allein?

David googelte ‹unaccompanied minors›. Michael

went straight to the airlines that flew from Dublin to Frankfurt.

«Ryan Air won't work», Michael announced the first result of their research, «we couldn't book a flight there without being accompanied by an adult, so bye bye, Ryan Air.»

«Aber bei den anderen klappt's», fasste David seine Suche zusammen, «wenn man über elf Jahre alt ist, dann zählt man als Erwachsener. Und bis fünfzehn kann man noch zusätzlich eine Betreuung buchen. Aber die Preise! Guck mal, morgen hin und zurück ist wahnsinnig teuer.»

«Aber es geht sogar noch heute, wenn wir uns beeilen», warf Corinna ein, «hier Hinflug um 15.30 Uhr von Dublin, Ankunft 18.35 Uhr in Frankfurt; Rückflug morgen um 19.55 Uhr von Frankfurt, Ankunft 21.00 Uhr in Dublin.»

«We might just make it back home before mum is back from Galway», Michael said, «but it's awfully tight. What do you think, sis?», he tried to get Patricia back into the discussion.

«Hmm», she grunted.

Sie fanden ein relativ preiswertes Angebot. Aber selbst so viel Geld hatten sie nicht.

«Fragt sich nur, wie wir das bezahlen sollen. Und die nehmen auch nur Kreditkarten als Zahlungsmittel ...», sagte Corinna leicht resigniert. Die Idee, wieder nach Hause zu kommen, rückte erneut in weite Ferne.

«We have my mum's credit card details – she gave them

to us in case of an emergency. And I'd say her daughter losing her identity is an emergency, wouldn't you?», Michael said. «Anyway, it will take a while before the bill arrives, and if we've solved the problem by then, we can tell her why we did it. And if we haven't solved it, we're in a bigger mess anyway.»

«Dürfen wir das wirklich?» Corinna fand es nicht richtig, dass sie einfach die Kreditkarte von Mrs Shaw verwendeten.

«Of course we can!», Patricia barked. But despite herself, her mood was improving. She was glad that she would be with her brother again soon.

Michael breathed a sigh of relief. At least his sister was communicating again. He had seen her sulk for longer than that before. That was it then, he and Corinna would fly to Frankfurt.

They booked the flight and ten minutes later they were running to the bus stop to get the blue express bus to the airport. This is crazy, he thought, really crazy. They were flying to Frankfurt. Were they mad?

Tausend Gedanken wirbelten Corinna durch den Kopf, während der Bus sich durch die Staus der Dubliner Innenstadt quälte. Sie würde bald in Frankfurt sein. Sie würde ihre Eltern wiedersehen. Aber dann?

Sie würden ihnen alles erzählen. Und sie würden eine Lösung finden. Es war blöd gewesen, ihnen nicht gleich alles zu sagen. Aber heute Abend würde alles gut werden, ihr Vater hatte bestimmt eine Idee.

Ihr Telefon klingelte. David berichtete ihr, dass ihr Vater gerade angerufen hatte. Die Wehen hatten eingesetzt. Wieder merkte Corinna, wie ihr die Tränen kamen. Aber das waren andere Tränen, warme Tränen. Nicht so hoffnungslose wie vorhin am Computer. Birgit würde bald auf der Welt sein und Corinna wieder zu Hause. Sie ließ ihren Tränen freien Lauf.

8th March, 15.45 a.m., Dublin
8. März, 16.45 Uhr, Frankfurt

Der Flug nach Frankfurt verlief problemlos, mit den E-Tickets und ohne Gepäck waren sie schnell abgefertigt. Der einzige brenzlige Moment kam, als Corinna Patricias Pass bei der Passkontrolle vorzeigen musste. Sie war absolut sicher, dass der Grenzbeamte sie viel gründlicher und viel länger musterte als die anderen Passagiere vor ihr. *Ich, Corinna Baumeister, trete eine internationale Reise mit falschen Papieren an*, schoss es ihr durch den Kopf. Wie hoch war die Strafe für so was? Sie hoffte, dass der Beamte sie nicht ansprechen würde, dann würde er bestimmt merken, dass sie keine echte Irin war. ‹I was born in Ireland but have lived many years in Germany›, übte sie still eine mögliche Ausrede. Und wenn er fragte, warum sie allein flog? ‹My father lives in Germany and my mother is working hard in Galway›, legte sie sich als Antwort zurecht, aber da winkte der Beamte sie plötzlich durch und wünschte «a pleasant journey».

Michael had never been to Frankfurt before. As their plane circled over the city waiting for permission to land, he could see the river Main and the skyscrapers in the centre of town. «They look spectacular», he remarked to Corinna, «but there aren't very many of them, are there? They look as if they are all huddled together in a smallish area.»

«Wir sind die kleinste Metropole der Welt, meint unsere Oberbürgermeisterin», sagte Corinna und zeigte dann plötzlich ganz aufgeregt nach unten. «Die Dippemess! Schau, Michael, siehst du da das Riesenrad?» Sie erklärte ihm, dass das große Volksfest zweimal im Jahr stattfand. Da gingen alle Baumeisters gern hin. Na ja, die anderen ein bisschen lieber als sie, denn während David und ihr Vater sich mit großer Begeisterung in die wildesten Fahrabenteuer wagten, hielt sie doch lieber sicheren Abstand.

8. März, 18.50 Uhr, Frankfurt

No bumpy landing because of thunderstorms this time. The thunder and lightning had left Frankfurt and the rain had stopped. The airport was huge, and even though they didn't have any luggage to pick up, it took them ages before they finally got to the arrival hall.

Als Corinna David im Ankunftsbereich erblickte und das Mädchen neben ihm sah, das eigentlich sie sein sollte, brach sie sofort wieder in Tränen aus.

Patricia had seen her own face on the computer screen,

but seeing her whole self, in her own clothes even down to her favourite fringed handbag walking beside her brother through the barrier into the arrival hall was simply too much for her. She burst into tears.

Das muss schräg aussehen, dachte David, als er Corinna in den Arm nahm und tröstete, während Michael dasselbe mit Patricia tat. Solche Szenen finden doch eher beim Abflug und nicht bei der Ankunft statt.

It was really strange for Michael hugging Corinna's body tight, even though he knew he was really hugging Patricia. He supposed it was the same for David, too.

After the girls had calmed down, they gave each other a hug. But that only started them off crying again. They weren't just hugging each other, they were hugging themselves, too. It was too weird for words.

When all the hugging came to the end, Michael asked the question they had all been avoiding: «And what do we do now??»

«Wir erzählen meinen Eltern endlich, was passiert ist», sagte Corinna ernst, «und die finden dann eine Lösung.»

«Ja, aber die sind jetzt im Krankenhaus. Wir müssen warten, bis Birgit auf der Welt ist», antwortete David.

«So we have to kill time, is that it?», Patricia asked. «Where can you kill time in Frankfurt?» Since she had been there, she hadn't seen much of the town apart from the football training ground, the local swimming pool and the immediate streets around the building the Baumeisters lived in when she took Beißer for a run.

«As we are in a bit of a mess ourselves, maybe we should go to one», Michael said.

The others stared at him, totally confused.

«That funfair place», he explained, «Corinna said it was a mess.»

«Die Dippemess!», lachte Corinna, «tolle Idee.»

13

8. März, 20.00 Uhr, Frankfurt

Michael's eyes lit up. He was able to forget all their problems for a moment and just enjoy what he was seeing. The fairground was full of people. And the stands! One which caught his eye was full of fluffy toys and other stuff, and next to a bored-looking woman leaning on the counter were lots of rifles. «Can you shoot with those?», he asked amazed.

«Klar», antwortete David, «sieh mal, da steht's: ‹Enten-Schießen›, ‹Sterne-Schießen›, ‹Blumen-Schießen›, ‹Walzen-Schießen›, ‹Herz-Schießen›. Du hast die freie Wahl. Und wenn du viel schießt und gut triffst, auch die freie Auswahl unter den Gewinnen.»

«Wow!» Michael's eyes lit up.

«Bloß die Enten solltest du nicht schießen. Deine Schwester ist schließlich immer noch Vegetarierin», scherzte Corinna.

«Ha, ha, very funny», Patricia gave her a dirty look.

Michael looked at his options for a moment and then chose ‹Sterne-Schießen›. He had to hit small clay stars which hung in rows on a big metal board. No animals involved. You could buy six shots for € 2,40. For six hits you got a small prize, for thirty you had a free choice of anything on the stand. He paid his money. The woman handed him a rifle and showed him how to load it before each shot. He had never held a weapon like this before. His mother was against what she called ‹war toys›. The rifle was heavier than he would have thought. He aimed, shot ... and missed. And missed again. And missed again. *So that's where the German word* Mist *comes from*, he cursed to himself. With his fifth shot he finally hit a star which smashed into little pieces. His last shot was good, too.

«Come on, Michael», Patricia cheered him up, «you're getting the hang of it now. Have another round. Here, this one is on me.» She paid the bored-looking woman.

Corinna sah, wie Michael vollkonzentriert auf die kleinen Sterne zielte. Diesmal mit mehr Erfolg. Vier von sechs Treffern. Jetzt wollte er es anscheinend wissen, denn er machte weiter. Nach zwölf Treffern durfte er sich ein Plüschtier mittlerer Größe aussuchen und nahm einen Tiger.

«This is for little Birgit from Uncle Michael. I feel as if she is part of our family already», he joked and added: «If Corinna and Patricia don't switch back – does that mean that Birgit is my sister, too?»

Als David Tränen in die Augen seiner Schwester treten sah, wusste er, dass ihr nicht nach solchen Scherzen zumute war. «Komm», sagte er schnell. «Schauen wir mal, was man hier sonst noch alles anstellen kann.» Er hakte sich bei ihr unter.

Michael linked his arm through Patricia's; the four of them looked like two happy couples on an outing to the Dippemess.

«Oh, pink elephants!», Patricia shrieked. «I thought you only saw those when you were drunk!»

David konnte sie nicht davon abbringen, ein Los zu kaufen, so sicher war sie, dass sie einen Elefanten für Birgit gewinnen würde.

«Tiger and elephant, speed and strength for the future German football star Birgit», she declared, and chose her ticket very carefully.

David war froh, als sich das Los als Niete herausstellte. Sie wollten doch nicht die ganze Zeit zwei Plüschtiere durch die Gegend tragen. Und schon gar keine rosa Elefanten!

«Ey, David, Alter», unterbrach eine Stimme seine Gedanken, «wusste gar nicht, dass du heute herkommen wolltest.» Es war Marco, der die zwei untergehakten Pärchen interessiert musterte. «Und dass du neuerdings in so reizender Begleitung bist. Hast du dich deshalb in den letzten Tagen so rar gemacht? Stell uns doch mal vor.»

«Ääm», stammelte David, «Corinna, meine Schwester, kennst du ja, oder?» Dabei schaffte er es gerade noch, seinen Blick in Richtung Patricia zu lenken. «Klar, hi, Corinna», wandte sich Marco an das Mädchen an Michaels Arm, «wie läuft's beim Fußball?»

«Geil!», Patricia used her favourite new German word again. It seemed to work o. k. this time.

«Und diese Dame?», fragte Marco David mit festem Blick auf Corinna, wobei er das ‹diese› betonte, «die ist aber nicht von unserer Schule, oder?»

David wurde rot. «Äh, das ist Patricia aus Dublin. Eine Freundin der Familie, sozusagen.»

«So, so», schmunzelte Marco, «eine Freundin der Familie. «Nice to meet you», verwendete er sein bestes Schulenglisch und verbeugte sich übertrieben vor Corinna.

«Nice to meet you, too», lachte Corinna.

«Und das ist Michael, ihr Bruder», vervollständigte David die Vorstellung.

«Schön, wenn man so hübsche Familien-Freundinnen hat. Und Freunde natürlich auch», sagte Marco und zwinkerte Corinna zu. «Na dann, viel Spaß noch miteinander. Man sieht sich. Ciao.»

There was an awkward silence after Marco left. They continued walking, but not linked any more. When Michael saw a row of pyramids of ten battered-looking tin cans in one of the next stands he asked: «Can Corinna throw as well as she can shoot goals? Want to try this one?»

Wer mit 3 Bällen die Pyramide restlos vom Brett wirft, hat die freie Auswahl, lasen sie. Aber welche Corinna sollte werfen? Körper oder Geist? Corinna und Patricia schauten sich an und grinsten. Sie wollten es beide probieren. Körper gegen Geist. David stöhnte. Da gab es noch mehr Plüschtiere zu gewinnen. Zum Beispiel einen Eisbären, einen riesigen Fisch und ein schreckliches orangefarbenes Viech, bei dem er nicht mal sagen konnte, um was für ein Tier es sich handelte.

They paid their money and got the soft balls. «One, two, three, throw!», shouted Patricia and the two girls threw the balls as hard as they could. Patricia knocked three tins off, Corinna five.

«Geist führt eins zu null», spielte David den Schiedsrichter.

Patricia remembered how she had fought the body at *Gertis Currywurst*. The body had clearly won there. *Come on, body*, she said to herself, *if you can win against my mind then we should be able to win together.* She concentrated and won: six tins to four.

Corinna konzentrierte sich voll und ganz auf den letzten Wurf und schaffte neun der zehn Dosen. Sieg Geist. Dafür durfte sie sich eines der kleineren Plüschtiere aussuchen. Sie nahm einen grau-weißen Delfin und schenkte ihn Patricia. «Das ist zwar kein Otter, aber immerhin ein Schwimmwesen. Als Andenken an deinen Frankfurter Besuch», sagte sie feierlich bei der Übergabe.

Komisch war das: Zum ersten Mal hatte sie das Gefühl, dass es ganz in Ordnung war, in Patricias Körper zu stecken. Im Augenblick freute sie sich einfach nur darüber, dass Michael und Patricia offensichtlich von der Dippemess ziemlich angetan waren. So, als wenn sie ganz normale Freunde aus Dublin wären, denen sie eine Frankfurter Sehenswürdigkeit zeigen würde.

Patricia had never seen a fairground like this before. There was a huge range of attractions – from simple, old-fashioned roundabouts for little kids to really sophisticated hi-tech rides which shook and threw the passengers around so violently that some of them had to have a health notice in front, saying who wasn't allowed to go on it. There were ghost trains with names like ‹Horror Show›, a big wheel, and a hall of mirrors called ‹Kristall Palast›. Music of all kinds was blaring from every corner, from German folk-music to the latest hits, all mixed up together with the screams and squeals of the people on the rides. It was wild. And the food! The smell of popcorn, candyfloss and sugared almonds mixed with that of the stuff they called ‹Knobi-Brot›, garlic bread, which seemed really popular.

Nachdem alle vier im Riesenrad die Aussicht über Frankfurt und das Umland genossen hatten, fuhren David und Michael im ‹Breakdancer›. Der bestand aus Gruppen von vier kleinen Wagen, die an einer Art lang ausgestrecktem Arm um eine dicke Säule in der Mitte kreisten. Die Wagen bewegten sich in alle Richtungen – nach oben, nach unten, auf die Seite, in einem großen Kreis um die Mitte und in einem kleineren, schnelleren Kreis um die eigene Achse.

Michael was totally dizzy when he got off. «Can

someone tell me who I am?», he joked, «Michael or David? No, I've still got a beautiful body, so I must be Michael.»

Corinna stellte überrascht fest, dass Michaels Scherz sie nicht ärgerte. Gerade noch waren ihr bei Michaels Frage die Tränen gekommen. Ob sie …

«Oh my God! Look at this!», unterbrach ein Schrei von Patricia ihren Gedankengang. Corinnas Blick folgte Patricias Arm, der in den Himmel zeigte. Sie sah drei riesige Türme, Stahlkonstruktionen, die über die gesamte Dippemess und alle anderen Attraktionen hinausragten. Drei menschliche Gestalten schienen mit einer unglaublichen Geschwindigkeit an den Türmen herunterzurasen und sich dabei die Seele aus dem Leib zu schreien. Unten stand eine größere Menschenmasse und schaute zu.

«Let's have a look at that!», Patricia shouted enthusiastically and walked towards it. The construction was called ‹The Sky Screamer›. Patricia pushed her way through the crowd to the front and read some of the notices:

The Sky Screamer.
Europas größte mobile
STURZFLUGANLAGE!
Geschwindigkeit 115 km/h – Flugweite 75 Meter – Höhe 40 Meter

«100 % Adrenaline, 100 % Fun»

«Real Free Fall. Real Fear, Real Flying»

«Wahnsinn, nicht?», sagte David, der ihr gefolgt war. Er zeigte auf ein anderes Schild: «Und nicht ungefährlich, guck mal, wer alles nicht mitmachen darf.» Sie lasen das Schild. Mehr als 95 Kilo durfte man nicht wiegen, keine Herzbeschwerden haben, nicht betrunken sein und nicht schwanger. Also keine Flugchance für die kleine Birgit und seine Mutter. Aber die wäre da sowieso nie im Leben reingegangen.

Patricia had read on in the meantime. Nobody under 14 years of age and 145 cm in height was allowed on. «Isn't it good luck, that I just turned 15 yesterday», she winked at David, «and that I'm exactly 146 cm tall.»

«Das ist wirklich Glück», nickte er. Sein Blick fiel auf das nächste Schild. «Gekaufte Tickets sind unabhängig von der Ausübung des ‹Sky Screamers› vom Umtausch ausgeschlossen», las er weiter.

«That must mean that lots of people chicken out at the last minute», Patricia remarked, «and no wonder. It really does look frightening.» And the price was steep, too. 15 € per person, 30 € for three. But then only three people could fly at a time, so it was probably expensive to run. She took a deep breath. «Come on, let's do it», she said.

Omas Geburtstagsgeld ist mal wieder sehr hilfreich, dachte David, als er das Schild mit den Preisen sah. Er deutete mit dem Kopf in Richtung Corinna und Michael, die hinten in der Menge geblieben waren. Sie bahnten sich einen Weg zurück zu ihnen.

«We are all fifteen now», Patricia instructed the two of them, «otherwise we aren't allowed to do it.»

«Do we all want to go on it?» Michael didn't sound very enthusiastic. He could still feel the effect of the Breakdancer on his stomach.

«Coward!», his sister teased him, «of course we do!» She punched him in the arm. «It's fifteen euros each», she said, «and thirty for three, but three is not good for us.»

«Doch», sagte Corinna, «drei sind genau richtig. Mich kriegt ihr auf keinen Fall da rauf. Eher werde ich Dubliner Schwimmmeisterin!»

«Pity», Patricia said, «I'd like my body to feel that free fall. It must be fantastic!»

«Wir sollten Corinna lieber hierlassen», kam David seiner Schwester zu Hilfe, «diese Art von ...»

Zu seiner Überraschung unterbrach sie ihn plötzlich: «Nein, danke, David, aber ich fliege doch mit!» Und als sie seinen verwunderten Blick sah, erklärte sie: «Bei so was wird mir normalerweise schon vom Hinschauen schlecht. Aber heute ist nicht ‹normalerweise›. Ich stecke in einem fremden Körper, wir spielen Leuten, die wir mögen, etwas vor, fliegen mal eben allein von Dublin nach Frankfurt. Da werde ich doch wohl auch ein bisschen in der Luft schaukeln können!»

Corinna war von sich selbst überrascht, als sie sich reden hörte. *In der Luft schaukeln*, dachte sie, *das Ding ist 40 Meter hoch und rasend schnell.* Egal, sie hatte es gesagt, jetzt würde sie es auch tun.

Patricia gave her a warm hug. «Great!», she said and pulled her towards the ticket booth, «let's go for the free fall!»

«Zu viert geht aber nicht», sagte David, der immer noch nicht glaubte, was er da gerade gehört hatte.

«Then it will have to be two by two», Michael decided, «and it's ladies first.»

14

Während Patricia und Corinna zur Kasse gingen, blieben David und Michael hinten stehen und sahen der nächsten Gruppe zu, die das Abenteuer wagte. Drei Typen, die wohl so um die zwanzig waren, stiegen auf eine Plattform, die zwischen zwei der drei Türme aufgebaut war. Jeder von ihnen hatte eine Art Jacke an, die wie eine Mischung aus Schürze und Schwimmweste aussah. Ihre Jacken wurde mit drei großen, an einem sehr dicken Kabel befestigten Haken verbunden. Sie hingen jetzt an den Seilen, die sie hochhieven sollten, ihre Arme hatten sie untereinander verhakt, die Beine hingen frei und zappelten in der Luft. Der Mann von Sky Screamer sorgte dafür, dass ihre Körper absolut waagerecht lagen, parallel zum Boden.

Die drei Männer wirkten betont lässig, sie riefen ihren Freunden in der Menge etwas zu, was David nicht verstand. Es musste wohl etwas sehr Lustiges gewesen sein, denn die Gruppe ihrer Fans unter den Zuschauern konnte sich kaum einkriegen vor Lachen. Sie hielten ihre Bierdosen hoch und prosteten den drei Helden zu. «Die lustigen Sprüche werden ihnen bald vergehen», sagte ein

Zuschauer, der wohl schon länger da gestanden hatte. In seiner Stimme mischte sich Schadenfreude mit Vorfreude. Der Mann von Sky Screamer überprüfte noch einmal, ob alle Verbindungen fest waren, und gab dann mit seiner Hand ein Zeichen. Es konnte losgehen. Langsam wurde das Menschenpaket zum gegenüberliegenden Turm hochgezogen. Die drei waagerecht in der Luft liegenden Typen wurden kleiner und kleiner. Als sie den höchsten Punkt erreicht hatten, passierte einen Moment nichts. Die drei mussten selbst entscheiden, wann es losgehen sollte.

Michael felt all his muscles go tense. He couldn't imagine that he would be one of the next on that ride. It looked scary, really scary. Wheeeeeeeeeeee. The cable was released and the fellows suddenly flew through the air at an incredible speed, like a giant flying animal with three heads, six arms and six legs and one huge pair of lungs which let out a high, loud, piercing scream. They flew directly over the heads of the crowd and on and up through the middle of the two steel towers on either side of the ramp. After they reached the highest point, their weight brought them back down to the centre again and on up once more towards the tower on the other side.

Als sie die Typen durch die Luft fliegen sah, wollte Corinna am liebsten wieder umdrehen, aber Patricia hatte gerade in diesem Moment die zwei Tickets gekauft.

«No problem at all getting the tickets, just shows how

grown-up we look», she said to Corinna and stared into the crowd. She spotted Michael and David, waved at them and made a sign that they should film their great moment. Michael waved his camera at her. «O.k.», she said, «no turning back now.»

Vor Corinnas innerem Auge tauchte plötzlich das Bild von Dr. Soot aus ihrem Albtraum wieder auf. Nur dass auf dem Tablett diesmal keine Messer lagen, sondern zwei Tickets für den Sky Screamer. «Ich gestehe», murmelte sie vor sich hin. Als sie das Fragezeichen in Patricias Gesicht sah, lachte sie: «Ich gestehe, dass ich sehr aufgeregt bin!»

Patricia nodded. She was excited, too. This construction looked wild. Very wild. She was excited and ready to go. It was like the feeling she had when she did her first jump off the high diving board into the swimming pool in the Dun Laoghaire baths. «Come on, it's our turn now», she pulled the hesitant Corinna towards the man who helped them to put on the gear in preparation for the big flight.

Corinna fühlte ihren Puls rasen, ihr war schwindlig. Patricia schien es nichts auszumachen, im Gegenteil, sie schien sich richtig darauf zu freuen. *Das hätte ich beim Switchen auch bekommen sollen, dieses Einfachdrauflosgehen*, dachte sie, *das wäre viel besser gewesen als all die komischen Leggings und die Locken.* Sie ließ sich in die Jacke helfen, und wie in Trance folgte sie Patricia und dem Mann auf die Plattform. Ihr Blick suchte David und Michael, aber alles vor ihr war nur noch verschwommen. Ihre Beine fühlten sich wacklig an. *Komm, Corinna*, befahl sie sich, *Elfmeterschießen, fünfter und letzter Strafstoß von Corinna Baumeister, los, konzentrier dich, du schaffst das! Du kannst das!* Sie schloss die Augen.

Patricia looked into the crowd and smiled and waved while the man connected her and Corinna to the big cable that would pull them up 40 meters into the air. Her pulse was racing, she couldn't wait. In a minute she would fly like a bird from an incredible height. Patricia liked roller coasters but this was completely different. She looked at Corinna and saw a white and scared-looking Patricia-face with its eyes closed. The man from the Sky Screamer helped them to hang horizontally in the air and told them to link their arms. Then he put the ripcord into Corinna's hand. «Wenn ihr oben so weit seid, müsst ihr hier diese Reißleine ziehen», he told them. Poor Corinna, Patricia thought, looking at the body beside her, linking her arm with Corinna's arm. My arm, her arm, who cares, she thought. Our arms. «Open your eyes», she said in a kind voice, «you'll enjoy it. Believe me.» There was a pull. They started moving upwards. «Yippie», Patricia shouted, «we're off!»

Corinna öffnete die Augen. Sie sah das Riesenrad, den Ostpark, in dem viele Menschen Fußball spielten, grillten oder einfach um den kleinen See spazierten, blickte auf die Gleise der Bahn. Immer höher ging es. Sie umklammerte die Reißleine, die der Mann ihr in die Hand gedrückt hatte. Ausgerechnet ihr. 40 Meter, das war eine

Zahl. Aber das hier war sie, und sie ging hoch, sehr hoch, verdammt hoch. Sie schloss die Augen wieder.

Michael tried to follow the two girls with his camera, now changed from photo to video mode. If it turned out well they might even upload it into the net. Patricia was going to enjoy every minute of it, he knew that for sure, but he hoped that Corinna would be o.k., too. He and David would have to buy their tickets as soon as the girls were back on the ground. He shuddered. Did he really want to fly?

Es ging jetzt schneller hoch. Corinna merkte, wie sie Patricias Arm näher zu sich zog. Eigentlich, wie sie *ihren* Arm näher zu Patricias Körper zog, dachte sie. Egal. Sie traute sich, wieder die Augen aufzumachen. Ganz Frankfurt lag ihr jetzt zu Füßen, die Hochhäuser, der Messeturm. Wow! Sie blickte zu Patricia hinüber. Deren lange rote Haare wehten im Fahrtwind. Das muss sich jetzt wild anfühlen, dachte Corinna und hoffte, dass Patricia es auch genoss. Und ich werde es genießen, wie Patricia zu schwimmen, überkam sie plötzlich ein Gedanke, ja, ich werde ein Otter sein, wenn ich wieder in Dublin bin.

Patricia smiled when she saw Corinna opening her eyes again. Something had changed, she looked as if something really good had just happened to her. She is beginning to enjoy it after all, Patricia thought, that's great. Full of daring, she looked straight down to the ground below. Ooops, not such a good idea, her stomach turned.

She quickly raised her eyes to look out over the city, and decided to keep them there. It was just great. She could fly! She was a bird! «Brilliant!!!», she yelled.

Corinna nickte. Ja, das war der reine Wahnsinn. Das wollte sie Patricia gerade zuschreien, als ihr Aufstieg abrupt endete. Sie hatten den höchsten Punkt erreicht. Corinna hielt die Luft an. Sie musste die Reißleine nicht ziehen. Sicher konnte man auch von hier langsam wieder runtergelassen werden. Mit geschlossenen Augen. Sie mussten jetzt nicht fliegen. Sie holte tief Atem. *Nein, ich werde fliegen*, sagte sie sich, *ganz bestimmt.*

Patricia felt butterflies in her stomach. This was it. The big moment. She looked Corinna in the eye. *You and me, your body and mine, we are going to fly.* «Ready?», she asked the girl in her body.

«Ready», antwortete Corinna und zog die Reißleine.

15

«Aaaaaaaaaaaaaaaaaaaaaaaaaa
aaaaaaaaaaaaaaaaaaaaaaaaaaaa
aaaaaaaaaaaaaaaaaaaaaaaaaaaa
aaaaaaaaaaaaaaaaaaaaaaaaaaaa
aaaaaaaaaaaaaaaaaaaaaaaaaaaa
aaaaaaaaaaaaaaaaaaaaaargh!»,
Patricia screamed her heart

«Aaaaaaaaaaaaaaaaaaaa
aaaaaaaaaaaaaaaaaaaaaaa
aaaaaaaaaaaaaaaaaaaaaaa
aaaaaaaaaaaaaaaaaaaaaaa
aaaaaaaaaaaaaaaaaaaaaaa
aaaaaaaaaaaaaaaaaaaaaaa
aaaaaaaaaaaaaaaaaaaaaaa

out and heard Corinna doing exactly the same as they took off in the air, flying sharply downwards at over 100 kilometers an hour.

Wow!!! What a sensation! Patricia's heart was in her mouth, her pulse was racing, her lungs working overtime, her long hair was flying all over the place, in her face, in her eyes. It felt brilliant. She could fly! A series of images raced through her head. Picking up David and Corinna at Faro airport, swimming in the wild waves in the Algarve, lying in the sun on those endless sandy beaches, being bored at that football match, waiting for the return flight and lightning, lightning over and over again. Lightning on the weather chart at Faro airport, in the car after arriving in Dublin, and knocking her unconscious on the floor at home. Waking up in Corinna's room with David

aaaaaaaaaaaaaaaaaaaaaa aaaaaaaaaaaaaaaaaaaaaa aaaaaaaaaaaaaaaaaaaaaa aaaaaaaaaaaaaaaaaaaaaa aaaaaaargh!», schrie Corinna und hörte gleichzeitig Patricia schreien. Sie schossen senkrecht nach unten.

Sie kniff die Augen zu und hakte sich noch fester bei Patricia ein. Eine schnelle Folge von Bildern wirbelte durch ihren Kopf: sie und David im Flugzeug nach Portugal, sie beide mit den Shaws am Strand, im Stadion beim Deutschlandspiel, die Wetterkarte mit den Blitzen im Flughafen, sie und Patricia am Computer, während ihre Brüder Pizza machten, sie auf dem Boden in Patricias Zimmer, der übel schmeckende Wattebausch in ihrem Mund und Steff

and his stupid pizza insisting that she had ordered salami, being woken up in the morning by Beißer who gently pushed his little nose onto her face and carefully licked her cheek. Wait a minute. Beißer? Gentle, careful? She was obviously getting even more confused now. She shook her head as they shot through the air. Something felt a bit different, now. Her hair wasn't flying as wildly. Had they slowed down a bit? She didn't think so. And she had a different sensation around her legs. More air. As if her jeans had suddenly got thinner or something.

The extreme part, the free fall, was over. It seemed to last forever but she knew from watching the fellows before them that it was only a few seconds long. Now they were flying in a big arch forwards over the heads of the spectators.

mit ihrem neuen Kleid, der Sturm, die Wellen und die Apfelmus-Frau am Pier und dann das Gewitter in Dublin mit dem vergeblichen Warten auf den Re-Switch, der Flug nach Frankfurt und Sooty, die bellte, als sie in ihr Zimmer kam. Sooty, die bellte??? Sie schüttelte energisch den Kopf und merkte, wie ihre Haare übers ganze Gesicht wehten. Haare im Gesicht? Das ging doch gar nicht mit den kurzen Locken. Sie riss die Augen auf.

Der freie Fall war vorbei. Er schien endlos gewesen zu sein, dabei konnte er nur ein paar Sekunden gedauert haben. Jetzt flogen sie immer noch mit großer Geschwindigkeit, aber weniger nach unten als

Patricia looked down at her arms. They weren't covered by the dark green sweatshirt she had put on that morning but by a red and yellow cotton jacket. She tried to see what else she had on, but the Sky Screamer jacket covered most of her and she couldn't see her legs from that position. But she had a distinct feeling that a skirt was flapping around her legs. Were these her own clothes that Corinna had been wearing only a few seconds ago? Could that be true?

Patricia looked sideways. That was her red and yellow arm linked up with Corinna's arm, dressed in a green Corinna sweatshirt. And the long red hair that had flown so wildly about her face on the way up was now covering Corinna's

vorwärts, über die Köpfe der Zuschauer hinweg.

Corinna schüttelte den Kopf, ihre roten langen Haare konnte sie jetzt eindeutig identifizieren. Ihre – nicht Patricias. Sollten sie …? Waren sie vielleicht …? Sie schaute auf ihre Arme: grünes Sweatshirt. Sie wollte auch auf ihren Körper schauen, aber der war großteils durch die Sky-Screamer-Jacke abgedeckt, und die Beine konnte sie in dieser Lage ohnehin nicht sehen, ohne aus der Waagerechten nach vorn zu kippen. Und das wollte sie lieber nicht riskieren. Aber die Beine fühlten sich irgendwie wärmer angezogen an als vorhin, als der Wind durch die dünnen Leggings pfiff und der Rock wild um ihre Beine flatterte. Konnte sie dem Blick und dem Gefühl trauen? Sie riskierte einen zweiten Blick. Ihre Arme im Sweatshirt, verhakt

head. Had it really happened ...? Had they really switched back just when they had given up trying? She hesitated for a moment before looking directly at the face next to her. It was Corinna's face, Corinna's and not hers! Their eyes met, and quickly filled with tears. Tears of joy and fear. Could it really be true?

The curve they were flying was getting smaller now, and they were slowing down as they flew forwards and backwards over the heads of the spectators. When they were slow enough, the Sky Screamer man on the platform held a big ring up in the air for them to grab. That brought them to a halt so that they could get out.

Corinna was obviously as confused as she was. So it wasn't a total illusion. Had it really happened?

mit Patricias in der rot-gelben Baumwolljacke, die sie, Corinna, heute angezogen und in der sie noch bis vor einigen Sekunden gesteckt hatte. Ihr Blick wanderte über die Arme direkt in Patricias Gesicht. Und sie sah zum ersten Mal seit dem Computerblitz wirklich in Patricias Gesicht und nicht in ihr eigenes. Konnte es wirklich wahr sein?

Sie flogen jetzt in einem Bogen über das Gelände, wurden langsamer und näherten sich wieder der Plattform, auf der der Mann von Sky Screamer mit einem großen Ring auf sie wartete, den sie ergreifen sollten, um zum Halten zu kommen.

Patricias Blick sagte dasselbe wie ihrer. Steckten sie wieder im richtigen Körper? Corinna merkte, wie ihr die Tränen in die Augen schossen. Sie

No more threats of football training? No more lying to their parents? Finally getting their real brothers back? They were still hanging horizontally in the air, but she could feel Corinna squeezing her arm and trying to hug her. Were they really back in their own bodies? Was the nightmare finally over? Patricia felt incredibly happy, simply unspeakably happy.

drückte Patricias Arm ganz fest und versuchte sie zu umarmen, soweit man jemanden, der waagerecht in der Luft hing, überhaupt umarmen konnte. Das musste es gewesen sein. Sie waren wieder in ihren eigenen Körpern. Alles war wieder gut.

Noch nie hatte es jemand so eilig gehabt, aus der Aufhängung und der Jacke herauszukommen, wie Corinna und Patricia. Kaum waren sie das Zeug los, lagen sie sich in den Armen. Dann tasteten sie vorsichtig ihre eigenen Körper ab.

«Habt ihr gedacht, ihr verliert da oben einen Arm oder ein Bein?», lachte der Sky-Screamer-Mann. Die Mädchen schüttelten nur den Kopf und gingen schnell aus seinem Blickfeld.

«Hast du ...?» und «did you ...?», sagten sie fast gleichzeitig. Sie konnten es nicht fassen. Sie waren wieder sie selbst.

«David und Michael werden uns nicht glauben», sagte Corinna, nachdem sie Patricia ihre Bilder im Kopf während des Fluges geschildert und von Patricia gehört

hatte, dass es bei ihr fast genauso war. «Komm, die warten schon auf uns.»

«Hold on, not so fast», Patricia held her back, «remember what they said when all this first happened: ‹Yes, they're very entertaining, aren't they?› and ‹What are the girls playing at, David?›», she imitated her brother. «They didn't believe us then. Let's see how long it will take them to find out for themselves what has happened this time.»

Corinna überlegte einen Moment. «That'll be fun, Corinna», sagte sie dann mit ihrem besten irischen Akzent.

«Geil!», Patricia agreed.

16

8. März, 20.45 Uhr, Frankfurt

«Well done, the two of you, it looked absolutely wild!», Michael greeted the two girls after they left the Sky Screamer area, «I've got it all on film. The proof that you actually did it.»

«Alles klar, Schwesterchen?», fragte David leicht besorgt und legte seinen Arm um Patricias Schulter, «alles gut überstanden?»

«Alles gut überstanden!» Patricia repeated his words. That way she knew her German was correct.

Corinna fing an zu kichern.

«What's the joke, Patricia?», Michael wanted to know.

«No joke at all», antwortete Corinna. «We had lots of fun.»

Now it was Patricia's turn to giggle. She found it difficult to keep serious. Corinna playing Patricia and Patricia playing Corinna. Just like their brothers thought they were doing the evening of the switch.

Michael put his eyes up to heaven. «Giggly girls, the Sky Screamer has made them even worse than usual», he said. «Anyone else hungry? I could do with a Döner.»

«Nein, kein Döner. Ich bin vegetarisch», Patricia declared, «ich bin Corinna, und ich esse ab jetzt auch kein Fleisch mehr. Fleisch ist schlecht.»

Was hatte Corinna bloß, dachte David, und was war mit Patricia los, die vor lauter Lachen nur das Wort ‹Geil!› herausbekam?

Corinnas Handy klingelte.

Patricia went to put her hand into the pocket of her jeans where the phone had been during the past few days. But her jeans didn't have pockets, in fact, she wasn't wearing jeans anymore. She started to open the fringed bag which was now hanging on her shoulder, stopped in mid-movement, shook her head and started to laugh: «Hey, that ringing tone isn't for me any more!»

David und Michael starrten sie entgeistert an.

«Ooops», she said, «falsche Sprache.»

Corinna griff in die Tasche ihrer Jeans und holte das

klingelnde Handy hervor, *ihr* Handy. Endlich wieder einfach ein Handy in der Hosentasche zu haben und nicht dieses ewige Gefummel in einer Handtasche – wunderbar! Die Nummer ihres Vaters war auf dem Display. «Ja», sagte sie schnell und dann hoffnungsvoll. Sie hörte einen Moment zu, ein Lächeln breitete sich auf ihrem Gesicht aus, dann rief sie: «Super!» David stand immer noch ziemlich fassungslos neben ihr.

«Wir sind auf der Dippemess», rief sie noch ins Telefon, sagte dann ganz aufgeregt zu den anderen: «Birgit ist da! Mama geht es bestens. Wir können in einer Stunde vorbeikommen!» Sie umarmte David und sprang vor Freude in die Luft.

Michael looked at Corinna, then he looked at Patricia and then back to Corinna. He was very confused. Baby Birgit had obviously arrived safely, that was the easy bit. And that was Corinna's body which answered the phone. That was clear, too. But it was Corinna who talked, too, wasn't it? Corinna, and not Patricia. He looked at David with a big question mark on his face.

David war einen Moment so überwältigt von der guten Nachricht, dass er seine Verwirrung vergaß. Er hüpfte mit Corinna auf und ab. Seiner Mutter ging es gut, und er hatte eine kleine Schwester. Wahnsinn! Als er sich wieder etwas beruhigt hatte, sah er Michaels verwirrten Blick und merkte, dass etwas nicht stimmte. Das am Telefon gerade war doch unmöglich Patricia gewesen. Und wie sie nachher so selbstverständlich von «Mama» gesprochen hatte, das hätte Patricia nicht getan. Und war-

um wollte sie plötzlich mit ihnen Deutsch reden? Das konnte nicht Patricia gewesen sein, das war Corinna. Oder? Aber wieso?

When Patricia saw the confusion on the faces of the two boys she felt sorry that she had suggested the little charade. Corinna and David now had a baby sister. And she and Corinna were back in their own bodies. That was all that mattered now. «Sorry, lads», she admitted, «it's all my fault, I wanted to get you back for all that nasty stuff – thinking that we were playing tricks on you, and Michael's mean question about who I fancied.» She declared formally to them: «I am Patricia Molloy from Dublin. May I introduce to you my very good friend Corinna Baumeister from Frankfurt.»

Corinna umarmte David noch einmal. Michael hooted out loud, put his arms around Patricia's waist and lifted her up into the air and turned and turned till they were both dizzy. Then he picked up Corinna, and Patricia and David hugged each other. After that it was the girls' turn while the boys gave each other enthusiastic punches in the arm. Alle vier hüpften vor Begeisterung auf der Stelle. *Wenn uns jetzt jemand zusieht, glauben die, wir sind gerade Weltmeister geworden*, dachte David. Er konnte es nicht fassen. Corinna war wieder Corinna, und das Baby war da. Jetzt hatte er zwei Schwestern, anstelle einer halben. Wahnsinn. «Jaaaaaa!», schrie er, «Yeeeeaaaah», Patricia and Michael screamed, «Jaaaaa!», stimmte Corinna ein.

Es dauerte eine ganze Zeit, bis sie sich wieder einigermaßen beruhigt hatten. Dann mussten Corinna und Patricia genau erzählen, wie sie sich zurückverwandelt hatten. Sie konnten zwar Sekunde für Sekunde erzählen, was sie erlebt hatte, aber erklären, warum der Tausch diesmal geklappt hatte, konnten sie nicht.

«Maybe we can see what happened», Michael suggested, «I recorded it all.» They huddled around the tiny display on his camera and looked at the film of Corinna und Patricia being pulled slowly up and then shooting down at top speed, but none of them could see anything different from how it had looked when other people rode the Sky Screamer.

«Hätte mich auch gewundert, wenn man was gesehen hätte», sagte Corinna. Sie erinnerte sich, wie Michael erzählt hatte, dass der Rücktausch in den Filmen meistens dann stattfand, wenn die Personen die Perspektive der anderen verstanden hatten. Und hatte sie sich nicht so mutig wie Patricia auf diesen Höhentrip begeben und sogar gedacht, dass sie in Dublin für sie schwimmen gehen würde? Aber auch das war nur eine Spekulation. Es gab wahrscheinlich genauso wenig eine Erklärung für den Re-Switch wie für den ersten Tausch. Corinna war einfach glücklich, wieder sie selbst zu sein, sie brauchte keine Erklärung.

«I don't care why or how it happened», Patricia said, still overwhelmed with joy. «I'm just happy we are back to our old selves again.» She gave Corinna a big hug. «But maybe not that old self. I'm thinking of growing my hair», she added, running her hands through Corinnas long silky hair.

«And I'll take swimming lesson, äh, ich lerne bald schwimmen», antwortete Corinna.

«Du kannst ruhig englisch reden, das verstehe ich», Patricia teased her.

«Stop», fiel David ihr ins Wort, «ich werde ganz confused, äh, konfus. Redet bloß die richtige Sprache, sonst kommen wir völlig durcheinander!»

Sie überlegten, wie sie jetzt vorgehen sollten. Sollten alle vier im Krankenhaus auftauchen, als große Überraschung?

«We could say we wanted to see the new baby so urgently that we just had to fly over», Patricia suggested, «do you think your parents believe us?»

«Nein», sagte Corinna, «keine Ausreden mehr. Wir erzählen ihnen alles. Aber nicht gleich. Erst mal geht es um Mama und Birgit. Und wir sagen einfach nur, dass ihr als große Überraschung da seid, heute Nacht bei uns bleibt und wir ihnen später erzählen, warum.»

Everybody agreed with this suggestion. «Off to the hospital then», Michael said.

«Das Krankenhaus ist ziemlich nahe. Wir haben noch Zeit für unseren Sky-Screamer-Flug», antwortete David.

«No we don't», Michael replied. Getting into that thing was the last thing he wanted to do now.

«Of course we do!», Patricia insisted.

Corinna nickte. «Klar. Aber passt bloß auf! Sonst fliegt David morgen mit Patricia nach Dublin.»

«Ich hätte nichts gegen eine Woche Dublin», grinste David.

«And I've always wanted a baby sister», Michael laughed.

Emer O'Sullivan, Jahrgang 1957, wuchs in Dublin auf und ist Professorin für Englische Literaturwissenschaft an der Universität Lüneburg.
Dietmar Rösler, Jahrgang 1951, ist Professor für Deutsch als Fremdsprache an der Universität Gießen. Sie sind verheiratet und leben in Frankfurt.